大牟田炭都物語

KODA YOSHIKATSU
幸田義勝
ISHIKURA HIRAKI
石藏拓

幻冬舎 MC

大牟田炭都物語

目次

序　章

石藏　拓

記憶とはおかしい。時がたつにつれて残ったり忘れたり。

忘れていた人を思い出したりする。いつまでも愛した人々との鮮烈な思い出だけは、甘くせつなく心にとどまっていたりする。

大牟田が都会だった頃。大牟田は人口以上に人が集まっていた。

新宿のようだった。北九州市ができる前は福岡に次ぐ九州での大都市。西日本では大阪、福岡の次だったかもしれない。

路面電車は走り映画館も多くて二十以上あった。

大牟田出身の文化人は多い。

有名漫画家は二十二名と輩出数は都会並みだ。

女性漫画の神様と言われる萩尾望都さんも大牟田出身。

高校野球でも昭和には、福岡県で唯一大牟田が優勝した。

プロ野球では原辰徳、真弓明信、完全試合の田中勉が生まれた。

オリンピックの最初のメダルは大牟田出身の熊谷一弥選手でテニスで獲得した。

扇　裕里さん（梅野　修画伯の絵）
大牟田出身。３歳で初舞台を踏み大衆演劇の世界に入る。波島劇団三代目座長に就任。

大牟田川橋物語　大牟田川の源流を探る

幸田義勝

七色川・悪水川・油川・燃える川などと呼ばれた昔。
ヘドロを取り出し再生した大牟田川。
水がきれいになるにつれて、大牟田川の源流はどこなのか興味が湧いてきました。
源流を求めていると、いろいろな橋に出合い、
一番下流の住吉橋から上流に向かって調べてみました。

その一　住吉橋《すみよしばし》

撮影二〇二〇年四月十四日

昭和五十五年（一九八〇）十一月竣工

市長　黒田穣一　　議長　境　造

【この年の出来事】

☆栃木・川治温泉の川治プリンスホテル全焼（死者四十五人）。

☆大平首相急死・東京サミット開催

☆イラン・イラク戦争

初渡りは、地元に三世代で住む方たちでした。当時公民館の役員をしていた私は、その後に渡りました。

住吉橋

大牟田で起業したイナダ豆本社が見えます

その二　中島橋《なかじまはし》

撮影二〇二〇年四月十六日

現在の橋　平成十一年三月竣工

昭和十一年七月に竣功した前の橋
撮影平成九年八月三日

昭和十一年（一九三六）竣工

市長　前田慎吾　　議長　平山喜録

【この年の出来事】

＊大牟田市役所・松屋落成

☆ベルリン五輪開催「前畑ガンバレ」は有名

☆二・二六事件（高橋蔵相殺害される）

「終点」の碑までが川で、「終点」から有明海の河口となります。

当時は近くに大牟田港があったので、橋の南は「港町」と呼ばれました。

その三　大正橋《たいしょうはし》

平成十五年（二〇〇三）十月竣工　　市長　栗原　孝　　議長　藤田次夫

撮影二〇二〇年四月十九日

【この年の出来事】

＊ありあけ新世高校が開校
＊第一回西日本中学駅伝大会開催
＊大牟田リサイクル発電竣工
＊ネイブルランド特別清算手続き完了
＊大牟田高校、全国高校駅伝大会で五位入賞
☆小泉第二次内閣、郵政選挙で勝利
☆アメリカがイラク攻撃

大正橋

新銀座が見えます

大正橋から第一銀座ビル

その四　旧大正橋《きゅうたいしょうはし》

昭和十一年（一九三六）五月架橋

市長　前田慎吾　　議長　平山喜録

撮影　二〇二〇年四月二十六日

竣功・竣工・完成の何でもなく、架橋となっているのが珍しい。

現在の橋は橋柱以外補強されて当時のものではないようです。

【この年の出来事】

＊三月十五日　大牟田市役所新築落成（市政二十周年）

＊七月一日　三池海水浴場開始

＊十一月　大牟田商工会館竣工

旧大正橋　新銀座アーケード街が見えます

右奥にガード下食堂が見えます

その五　銀栄橋《ぎんえいはし》

撮影　二〇二〇年四月二十九日

昭和四十八年（一九七三）三月完成　市長　山田亀一　議長　境　慧

【この年の出来事】

＊三月　大牟田市の人口十七万人割れる
＊四月　し尿紛争
＊六月　大牟田ハイツ起工式
＊十二月　老人ホーム天光園落成式
＊この年、大牟田市財政悪化。累積赤字九億円超
☆第一次オイルショック
☆関門橋開通
☆金大中事件

銀栄橋

その六　思案橋《しあんばし》

平成元年（一九八九）十月完成
市長　塩塚公一　　議長　原田俊孝

【この年の出来事】

＊四月　物流センター建設用地決まる
＊九月　株式会社ネイブルランド設立
＊九月　市民栄誉賞創設　第一号大牟田高校駅伝部へ
＊十一月　市民憲章運動推進第二十四回全国大会開催される
＊十一月　市立病院の移転先決定
☆一月八日より平成となる
☆四月　三％消費税実施
☆四月　北京の天安門広場で民主化要求の学生デモ（武力弾圧）

撮影二〇二〇年五月一日

大牟田川の橋の中でも、一番多く歩いて渡ったでしょう。
最盛期は銀座通りから新栄町の間で人の流れが絶えませんでした。
思案橋と名付けたのは誰でしょうか？

大牟田出身の彫刻家・古賀隆一氏作像「ありあけ」

大蛇山の電話ボックス

その七　栄橋《さかえばし》

昭和六十三年（一九八八）八月完成

市長　塩塚公一　　議長　矢野太刀男

【この年の出来事】

＊新開クリーンセンター完成

＊吉野地区公民館オープン

＊大牟田高校駅伝部全国大会優勝

＊消防署明治出張所開設

☆青函トンネル開通

☆東京ドームオープン

☆瀬戸大橋開通（海峡部九・三六八キロメートル）

☆ソウル五輪開幕

☆竹下首相「ふるさと創生事業」全市区町村に一律一億円の交付決定

撮影二〇二〇年五月四日

栄橋　思案橋と共に多くの歩行者が利用します。バブル好景気時代で少し贅沢な橋

栄橋　宮前通り方面

ゴリラビル　元原田洋服店、現在美容室

その八　新銀座《しんぎんざ》橋《はし》

平成四年（一九九二）三月完成
市長　塩塚公一　　議長　矢野太刀男

撮影二〇二〇年五月九日

【この年の出来事】
＊大牟田市中央公民館オープン
＊大牟田動物園新装オープン
＊新栄町C・I事業第一期工事竣工
＊「大牟田大使」任命
＊大牟田市民憲章制定十周年記念大会
☆ブッシュ米大統領来日、宮沢首相と会談
☆国家公務員週休二日制実施
☆中国・韓国が国交樹立
☆米大統領選で、民主党のクリントン当選
☆米、スペースシャトル「エンデバー」打ち上げ、日本人初毛利衛搭乗
○前年の平成三年、雲仙大噴火

新銀座橋　五月橋方面

学生服ヤマトやホリーのあった新銀座側

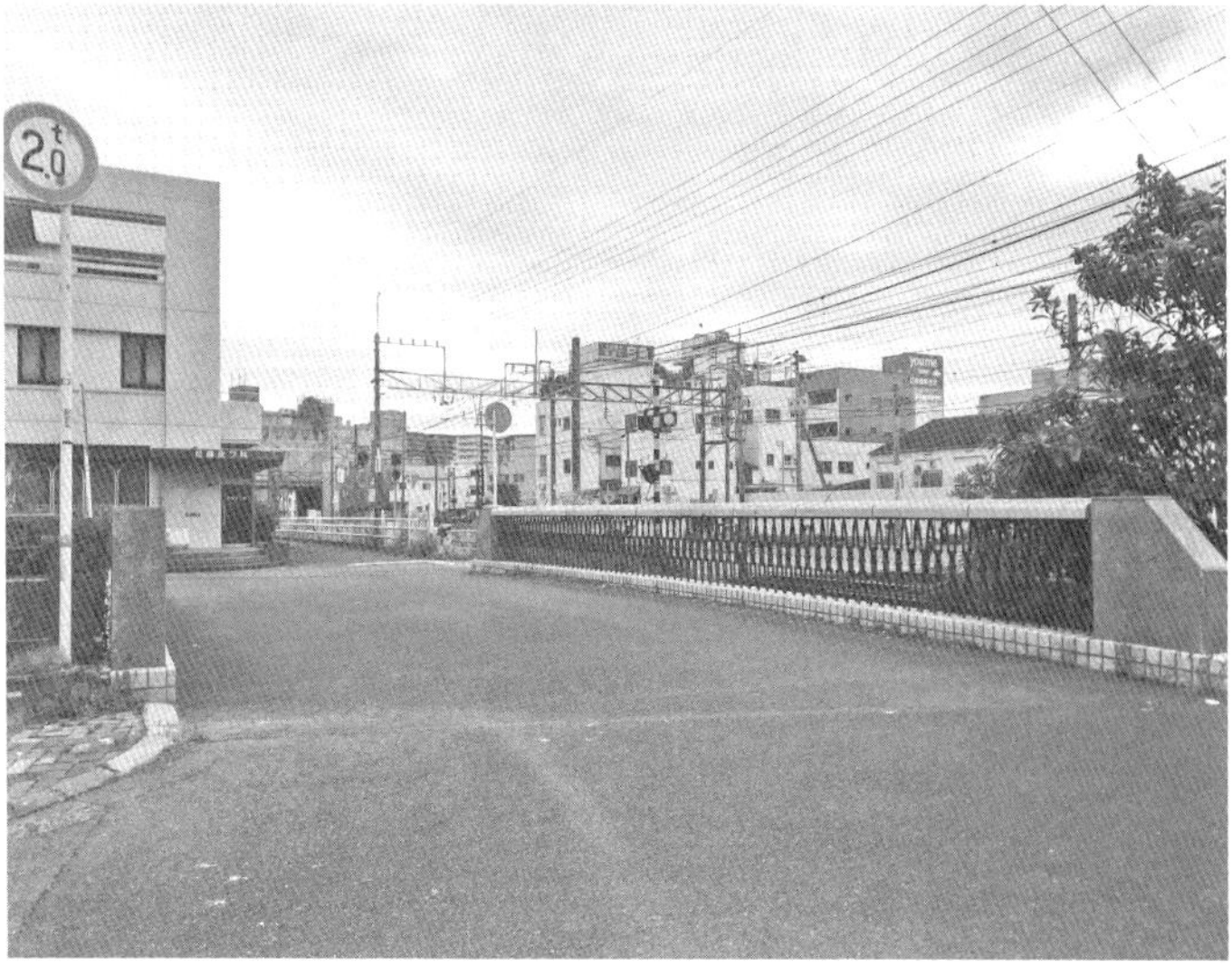

右は線路。栄町方面

その九　五月橋《さつきはし》

昭和五十七年（一九八二）十一月竣工

市長　黒田穣一　　議長　山浦勇次郎

【この年の出来事】

＊大牟田市水道庁舎完成

＊養護老人ホーム、吉野園完成

＊市政六十五周年（花火大会、ＪＣにより復活）

＊大牟田市民憲章制定

＊大牟田・荒尾両市の境界問題円満解決

＊全日本大学ソフトボール大会開催

☆東京地裁、ロッキード事件全日空ルート判決

☆五百円硬貨発行

☆フォークランド紛争激化

☆東北新幹線、大宮〜盛岡開業

☆上越新幹線、大宮〜新潟開業

撮影二〇二〇年五月十一日

五月橋の周辺が、明治から大正にかけては官庁街であり、現在も銀行や交番跡の建物があります。

五月橋　右に三井住友銀行が見えます

五月橋付近　大牟田で唯一の都銀・三井住友銀行

五月橋　左に肥後銀行が見えます

伊能忠敬実測について
（一七四五年～一八一八年）七四才没
伊能忠敬が暦数の研究を志したのは、五〇の頃で、西洋の暦法、測量の技術に精通し生涯の仕事として日本全土を実測し地図を作ることに着手した。この大事業は一八〇〇年（寛政十二年）から一八一六年（文化一三年）まで一七年間を要した。
この間、九州の測量は十二回行われが大牟田の地は二度目の文化九年一〇月彼が六七才のときで現在地を「大牟田川土橋六間」と測った記録が残っている。明治以後陸地測量によって正確な日本地図が完成したが忠敬の実測図を基礎にして作られたものである。
私達は忠敬の実測ゆかりの地に碑を建て後世にその偉業を伝えたいと思う。
大牟田観光協会
平成二年三月

五月橋付近　伊能忠敬の実測を記した説明板

五月橋　旧交番

旧五月橋巡査派出所と書いてあります。昭和十二年建築らしいです。

手前は五月橋公園

その十　旭橋《あさひばし》

大正十三年（一九二四）九月竣工
市長　岩井敬太郎　　議長　吉田卯三郎

【この年の出来事】
＊製作所中心に労働争議が起こる
＊宮浦大斜坑で出炭開始
＊四ツ山二坑開削・着炭
＊大牟田郵便局一等局に昇格
☆摂政裕仁親王殿下・久邇宮良子女王殿下結婚
☆政友本党結成
☆第十五回総選挙、護憲三派大勝
☆小作争議調停法公布
○前年九月一日関東大震災

撮影二〇二〇年五月十四日

旭橋　大牟田川に架かる橋の中では
一番古い橋と思われます

泉方面へ。右に川上カバン修理店、
後ろの森はこんぴら神社

旭橋の石塔

古い橋のなごりでしょうか。

橋の両側の真ん中にあった石塔です。いまだに何かわかりません

旭橋　竣工後の渡り初めの儀式が盛大に行われている様子を記録した写真です。
貴重な大正時代の写真が残っていました。（出典「市政１００周年記念誌」）

その十一　泉橋《いずみばし》

橋そのものには名前も完成年月もありません。なぜか？　すぐ横に説明板がなければ分からなかったと思います。

説明書きによると、大正五年七月竣工で大牟田初の鉄筋コンクリート橋となっています。

橋の南側に三井の医局があったらしく私の想像ですが、泉橋は三井の会社によって造られたので、橋の名前も完成年月もないのではないか？　と思った次第です。

泉橋・旭橋
The Izumi and Asahi Bridges
泉桥和旭桥
大牟田川にかかる泉橋は、大正 5（1916）年 7 月竣工の鉄筋コンクリート橋で、大牟田市内で最も古い鉄筋コンクリート橋と考えられます。橋の南側にはかつて三井の医局があり、病院へ至る玄関口のような存在でした。川中に 3 本の橋脚を建て橋桁を渡す「二連続剛節橋」という形式で「八」の字形の平面をもちます。南側が 4.5m、北側は 13mの幅があり、北側が広くなってます。橋の両端にある欄干も簡素です。
泉橋より 100m下流には大正 13（1924）年竣工の旭橋があります。橋の中程には石造の台座上にコンクリートの街灯を立て、四隅には頂部に球をのせた石造の親柱が残ります。

撮影二〇二〇年五月十七日

泉橋

大牟田市制施行が翌年の大正六年です。すぐ隣の旭橋が一番古いと書きましたが、泉橋が一番古い橋になります

左にお好み焼き屋エイトが見えます

その十二　東泉橋《ひがしいずみばし》

平成四年（一九九二）九月完成
市長　塩塚公一　　議長　矢野太刀男

撮影二〇二〇年五月二十一日

【この年の出来事】

＊中央公民館完成
＊大牟田動物園新装オープン
＊大牟田市政七十五周年記念式典
＊三池郷土館閉館、十九年の歴史に幕
＊三池地区公民館落成、オープン
＊大牟田市民憲章十周年記念式典
☆ブッシュ米大統領来日、宮沢首相と会談
☆国家公務員週休二日制実施
☆第十六回参議院選挙、投票率過去最低の五〇・七％ 初の即日開票
☆米、スペースシャトル「エンデバー」打ち上げ、日本人初の毛利衛搭乗

干潮の時に行くと、鯉が十数匹と亀が橋の近くにいます

東泉橋　右にはレンタカー店が見えます

昔はここから工場の廃液が流れていたのでしょうか？
今はきれいな水が流れています

その十三　名前不明の橋（宮浦石炭記念公園北側）

撮影二〇二〇年五月二十三日

一般の、人も車もほとんど通らない橋。数年前までは工場の中を流れていた大牟田川です。

この下流の方は付け替えられました。

もともとは銘板があったのか？　もう少し調査の必要があるようです。

どなたか詳しいこと知っている方はいらっしゃいませんか？

その十四　七浦橋《ななうらばし》

昭和五十八年（一九八三）八月嵩上げ

市長　黒田穣一　　議長　山浦勇次郎

【この年の出来事】

＊市の木「くぬぎ」、市の花「やぶつばき」に決定
＊大牟田市議三十六人に、定数減を議決
＊不知火・笹林小学校を再編し、大牟田小学校開校
＊三井石炭火力発電所運転開始
＊市民憲章碑建立除幕式
＊大牟田魚市場施設竣工落成式
＊福祉の森が延命公園内に完成、落成式
☆中曾根首相、初の正式訪韓
☆日本海中部地震
☆国債発行残高、初の百兆円突破
☆第三十七回総選挙、自民党大敗

撮影二〇二〇年五月二十六日

橋には完成・竣工・竣功・架橋などありましたが、
七浦橋では「嵩上げ」となっています

両脇に三井関係の工場群が見えます

七浦橋からの眺め

七浦地区大牟田川を守る会の立て看板

その十五　早鐘眼鏡橋《はやかねめがねばし》

延宝二年（一六七四）二月完成

＊三池藩・二代藩主、立花種長の時に、家老平塚喜右衛門信昌の指揮のもとに建造

＊日本初の石造り水道橋、農業用水を主として多目的に利用されました

＊昭和四十五年六月十七日、国指定重要文化財（建造物）となります

○一六七四年は、各地で洪水があり、延宝の飢饉が起こっています

○前年、大牟田と関係の深い、三井越後呉服店（のちの三越）が江戸に開業。反物の切り売りなどの合理的手法で庶民の人気を集めた。金融業でも成功した

大牟田の誇れるものです。

撮影二〇二〇年五月二十九日

その十六　暖溜《だんりゅうばし》橋

撮影二〇二〇年六月二日

完成年月不明

暖溜橋は早鐘眼鏡橋の入り口にあります。石川保著『大牟田の地名アラカルト』によると、暖溜《ぬくたまり》（末広町）と読むそうです。末広町のバス停から早鐘踏切の南の方一帯を暖溜と呼んでいました。暖溜とは、南向きの日当たりの良い場所を指しています。

昭和三十年に旧駛馬町は今までの大字を廃して新町名を設定。もとの、暖溜、筒井原、上筒井原、北青無塚、七浦の一部が合併して「末広町」と決定しました。末広がりに発展するように願いが込められて決定したと書かれています。

暖溜《ぬくたまり》がなぜ「だんりゅう」と呼ばれるようになったかは不明です。

暖溜　橋《だんりゅうばし》辺りから川が二つに分かれるような感じです。

だんりゅうばし

暖溜橋

その十七　新勝《しんしょう》 栄橋《えいばし》

平成五年（一九九三）十二月完成

市長　塩塚公一　　議長　増田亮治

撮影二〇二〇年六月六日

【この年の出来事】

＊大牟田市の人口十五万人を割る
＊大牟田観光プラザオープン
＊元県議ら十人有罪判決（選挙違反）
＊バルセロナ五輪金メダルの園田選手に大牟田市民栄誉賞
＊手鎌地区公民館落成
☆クリントン、第四十二代米大統領就任
☆天皇・皇后初の沖縄訪問
☆雲仙・普賢岳で大規模土石流発生
☆土井たか子初の女性議長
☆細川内閣誕生
☆屋久島・法隆寺・姫路城などが世界遺産に登録される

その十八　勝立橋《かつだちばし》

昭和五十四年（一九七九）三月竣工
市長　古賀　治　　議長　堺　親義

撮影二〇二〇年六月九日

【この年の出来事】

＊三池郵便局新庁舎落成
＊駛馬天満宮上棟式
＊新市長に黒田穰一氏（四月）
＊市民憲章制定へ発起人会開催
＊中国大同市表敬訪問
☆米中国交樹立
☆米、スリーマイル島原発事故
☆カーター米大統領来日
☆第五回先進国首脳会議（東京サミット）
☆衆参両院、決選投票で大平首相を指名
☆アフガニスタンでクーデター、ソ連軍介入この辺から川というより、水路のようになっています。源流は近いのか……!?

その十九　勝栄橋《しょうえいばし》

撮影二〇二〇年六月十二日

昭和五十四年（一九七九）三月竣工
市長　古賀 治（四月二十九日まで）　市長　黒田穣一（四月三十日から）
議長　堺 親義（五月一日まで）　議長　境 造（五月二十四日から）

勝立橋と全く同じ年月の竣工になっています。

恐らく古くなった橋を架け替えたのでしょうか、勝立坑の近くであり、炭坑社宅が栄えていたときは相当利用された橋でしょう。

すぐ近くに昔の商店街のなごりがあります

その二十　新勝立橋《しんかつたちはし》

昭和五十七年（一九八二）三月竣工
市長　黒田穰一　　議長　山浦勇次郎
勝栄橋から十メートルくらいしか離れていません。名前の碑が貧弱な感じです。

撮影二〇二〇年六月十七日

【この年の出来事】
＊水道庁舎完成
＊株式会社ＮＣみいけ発足
＊三井アルミ世界初の大型炉完成
＊大牟田市制六十五周年
＊大牟田市民憲章制定
＊大牟田市民芸能祭開催
☆五百円硬貨発行
☆英軍の攻撃でフォークランド紛争激化
☆イスラエル、レバノン侵攻
☆イラン軍、イラク領に侵攻
☆上越新幹線、大宮～新潟開業

新勝立橋

大牟田市制六十五周年。今はなき市民会館にて

最終回

新勝立橋から上流は、会社・個人所有の通路橋以外の橋は見当たりません。本来のテーマ「大牟田川の源流を求めて」で、上流へと進みました。川といっても新勝立橋からは、水路と川の見分けが難しくなります。勝立地区公民館の南側を通り、ひばりヶ丘団地、東谷団地までは何とか確認できますが、その先がなかなか確認できません。側溝のようになっています。確証はありませんが「東谷堤」が源流ではないかと思われます。

撮影二〇二〇年六月十八日

勝立付近は天然記念物の勝立層化石露頭地です

特別編　中之島橋

資料を整理していたら、
誰かから頂いた写真が出てきました。
中之島橋の絵を撮影したものです。
昔浜町にあった
大牟田港に渡る橋だったようです。
明治六年、龍湖瀬坑から大牟田港まで
石炭を運搬していました。
中之島橋は明治十一年、大蔵省鉱山局が
第二水門用地として築造しました。
自然石を積み上げて南北十五メートル、
東西三十五メートルになります。
石炭を運搬するため、
つり橋や桟橋も設置されました。
昭和五十三年に撤去されています。

大牟田をあいうえお順に語る　第一周

石藏　拓

（あ）浅草街

大牟田川の栄町側にある。雰囲気が東京の浅草に似ている感じもする。西鉄電車が福岡から栄町まで走っていた時代。通勤客がすぐに行ける場所にあり、繁栄したようだ。西鉄が栄町駅から大牟田駅まで延長。追い打ちをかけるように新栄町駅ができて、栄町駅がなくなり、さみしげな看板のようになっていく。写真は、浅草街。

（い）伊藤提督の墓　戦艦大和と共に沈んだ第二艦隊司令長官

伊藤整一海軍大将の墓は大牟田市大字岬にある。墓見学自由。

（う）上田卓三　大牟田、高校野球で優勝立役者

九州では百年に一度の左腕でしょう。大牟田市を高校野球で初出場、初優勝させた立役者。三池工業高校の左腕のエース。

一九六五年の甲子園では、全試合を一人で投げきり、計50イニングの防御率は0・90。初戦からの4試合を完投勝利、決勝に進む。

銚子商との決勝でも、木樽正明との投手戦を2―0で制し、完封で優勝を飾る。

第一次ドラフト一位指名で南海ホークスへ入団。通算11年で13勝。

甲子園優勝投手は、プロでは大成しないとのジンクスを作った。

南海のスカウトの一部は江夏を推したが、「江夏はカーブも満足に投げられず、速球だけでは通用しない」という意見が通って江夏を回避、獲ったのが上田卓三だった。

漫画『あぶさん』の「ジージョ」は上田選手がモデルだそうだ。

（え）慧日寺《えにちじ》　オノ・ヨーコの先祖の菩提寺

ビートルズのジョン・レノンの妻だったオノ・ヨーコの先祖の菩提寺。大牟田の石炭で富を蓄積した柳川藩小野家。場所は大牟田市岩本。
注：オノ・ヨーコは小野家の分家筋です。

寺は新幹線の新大牟田駅の近くにある。

中国建築様式を取り入れた黄檗宗《おうばくしゅう》の寺院。

筑後西国観音霊場二十五番札所。

柳川藩家老、小野家二十二代隆幸が援助した寺院で、小野家累代の墓が東側中腹にある。

境内には小野家墓所の説明板が設置された。

説明板にはジョン・レノンとオノ・ヨーコに似た絵が見られる。

寺は柳川の梅岳山福厳寺第四代住職・霊峰和尚*が、荒廃した浄土宗永昌寺（栄勝寺）を、柳川藩主・立花鑑任の許可を得て一七〇五（宝永二）年に創建開山した。

＊霊峰和尚
若い頃は徳川家康に見込まれ、徳川家の子供の家庭教師。
和尚は、自身が名誉や権力を持つことを好まず、
枯淡を貫き、大寺院への住職要請は固辞するか他に譲るかして、
市井山野の寺院に留まって修行と教化を行い、
九十歳の長寿を保ち亡くなった。

（お）大森　明　サックス名手

大牟田北高、国立音楽大学からバークリー音楽院を出て長くニューヨークで活躍。

大正小学、松原中学出身。八年間のニューヨーク滞在中にチャーリー・ミンガスのレコーディングに参加。七九、八二年のニューポートジャズフェスティバルに出演。数多くのミュージシャンとの共演を通して本格派ジャズメンに。八三年バリー・ハリス、ロン・カーター、リロイ・ウイリアムスをバックに初リーダー作 "To Be Young And Foolish" を発表。帰国後 "Back To The Wood" でレイ・ブライアントを。"Trust In Blue" ではエルビン・ジョーンズをフィーチャー、正統派ジャズに根付いた作品でジャズ史に名を残す。

大森 明 Quartet
大森明(as)　太田寛二(pf)　山田晃路(b)　村田憲一郎(ds)

1978年チャーリー・ミンガスのレコーディング。
29歳大森さん真ん中に

（か）がねつけ

僕のごはんの友でした。「つけあみー、がねつけ」。

社宅の朝は　♪パーフーパーフー。リヤカーをひいた豆腐屋さんのラッパの音で始まる。「あさりがーい、しじみがいー……」「つけあみー、がねつけ～」

モノ売りの声がにぎやか。北高出身作家「社宅暮らしの、きんこちゃん」より

つけあみ。漬けアミ。「アミ」と呼ばれるエビを生のまま塩で漬けた。がねつけは「がに漬」（がん漬／がね漬）。潰した蟹の塩唐辛子漬け。両方ともにご飯の友または酒の肴。

写真は松原中学校裏に小浜卓球センターがあった頃

（き）金善堂書店

大牟田市でもっともメジャーな書店。二〇〇六年五月十八日閉店。明治二十四年からの百十五年の歴史に幕。

（く）熊谷一弥　日本人初のオリンピックメダリスト

一九二〇年アントワープ五輪競技に出場。テニスシングルスで銀メダルを獲得した。軟式のラケットの握りで左腕からの強烈なストレートで世界のテニスに衝撃を与えた。

一弥は大牟田町横須村に生まれる。現在の住所では大牟田市内の健老町と城町二丁目の境界辺り。熊谷一弥の実父は大淵頼母。柳川藩士で横須村と稲荷村の戸長。一八八九年より大牟田町の助役となる。三池炭鉱創業碑（大牟田市笹林町・大牟田公園）碑文に名前がある。

（け）競馬場

福岡県では三潴郡大川町の大川競馬場から始まった。炭鉱で賑わう大牟田市に場所を移して一九三〇年大牟田競馬が開催された。わずか二年の開催で一九三二年に馬場を直方市に移し大牟田競馬場は閉場。大牟田の、どこに競馬場があったか定かではない。候補地は四つ。大黒町、松原中学校、笹林公園、白光中学付近。本命は白光中学付近だとされる。

（こ）小浜町通り

明治七年に現在の小浜周辺は洪水に襲われた。修復する金銭がない。開拓者小川半吾は、熊本県八代の浜田又平に頼んで修復と新たな干拓を頼んだ。開拓地を「小浜開」と名付けた。小川半吾の小と浜田又平の浜をとって小浜だという説がある。小浜町通りは、新地町の通りから小川町までの、約一キロにわたる通り。小浜町通りは賑わっていた時代がある。ラーメン屋が三軒、うどん屋が二軒あった。通りの両側に社宅がひしめいていた。三井三池炭鉱の小浜社宅、小浜北社宅、小浜南社宅の三集落の胃袋を担う。昭和三十五年の「町別世帯数人口および戸数一覧」によると、小浜の社宅だけで約九千名を数える。写真の「トライアル」の駐車場の右の道は天井があって、「電化センター」というアーケード街だった。

アーケード内には乾物屋、ブロマイド屋、カバン屋などが並び、先に大きなスーパーがあった。左は、魚屋、麺屋「北海屋」、卵焼き入りラーメン。天ぷら屋他。天ぷら屋の芋饅頭、北海道出身だった北海屋主人が天ぷら屋の娘さんと結婚したらしい。松藤のお好み焼きが大牟田お好み焼きの古参店だろう。ルーツは神戸のお好み焼きじゃないだろうか。甘辛の二種類のソース、焼き方は舟焼きスタイル。場所が定かじゃない店に、大津食堂、下川化粧品店、江頭豆腐店、北社宅の入り口の自転車屋。

小浜町通りの一部〜電化センター時代

平川酒店	八百屋
	池松病院
田中自転車	床屋とパーマ屋
	平城整形外科
アラカワ理髪店	河野燃料店及び米屋
	ガソリンスタンド？
手塚製麺	宮渕中華ソバ
スーパー三池商事	社宅
社宅入口	
佐賀屋食堂	電化センター商店街
パーマ屋	
やまと屋食堂、	河野化粧品及び薬店
毎日新聞配達店	
山田駄菓子屋、	
薪屋	
酒屋	
お好み焼き屋	溝上呉服店
散髪屋	
肉のよしはら	
乾物屋金子	
図子煮豆屋	松藤お好み焼きと貸本屋

（さ）さんえい

新栄町にあったファッションビル。三階建てだった記憶がある。

銀座の三愛のオマージュだったが、クレームがきて「san-ai」から「San-ei」に変更された。

（し）志水敏子　ジプシーローズ

大牟田市西宮浦町三十八番地で生まれた。不知火女子高等学校中退。日本のモンローと呼ばれた。踊りにすべての情熱を賭け、酒で三十二歳の若さで逝く。浅草で活躍、映画にも出演。

ジプシーローズの頃の不知火女子高等学校は、写真の上官町のクラブモーリア（旧玉姫殿）の建っている所にあった。現在は東甘木駅方面に校舎は移転して誠修高校と改称。

（す）スーパイコ

酢豚を九州ではスーパイコ（酢排骨）と言っていた。

酢豚とは別物だ。帰省してスーパイコが食べたいと、探し回ったが写真の上海楼しか見つけられなかった。

（せ）セントラル映画館　大正町

四スクリーンで一階はセントラル劇場、日活セントラル会館、二階はオスカー大牟田東映、三階はスカラ座。大牟田が大都市だった頃、映画館が十四以上あった。昭和五十年には太陽館、大天地、セントラルの三館となった。三館は、パチンコ店とセットだった。太陽館にはナショナルパチンコ、大天地にはマンモスパチンコ、セントラルにはセントラルパチンコ。三館は、松竹（大天地）、東映（セントラル）、東宝（太陽館）の興行をやっていた。一九八七年大天地が閉館。一九八九年太陽館が閉館。二〇〇六年セントラルが閉館した。

（そ）空にのぼったキノコ雲

「そ」には、尊徳帽子店や大牟田出身の小説家で日本推理作家協会書記局長である草野《そうの》さんが浮かんだが大牟田市の空にのぼったキノコ雲にした。松原公園でした。「ポン」と鈍い重い音がして、有明海方面にキノコ雲がのぼった。五百余名の死の煙だ。

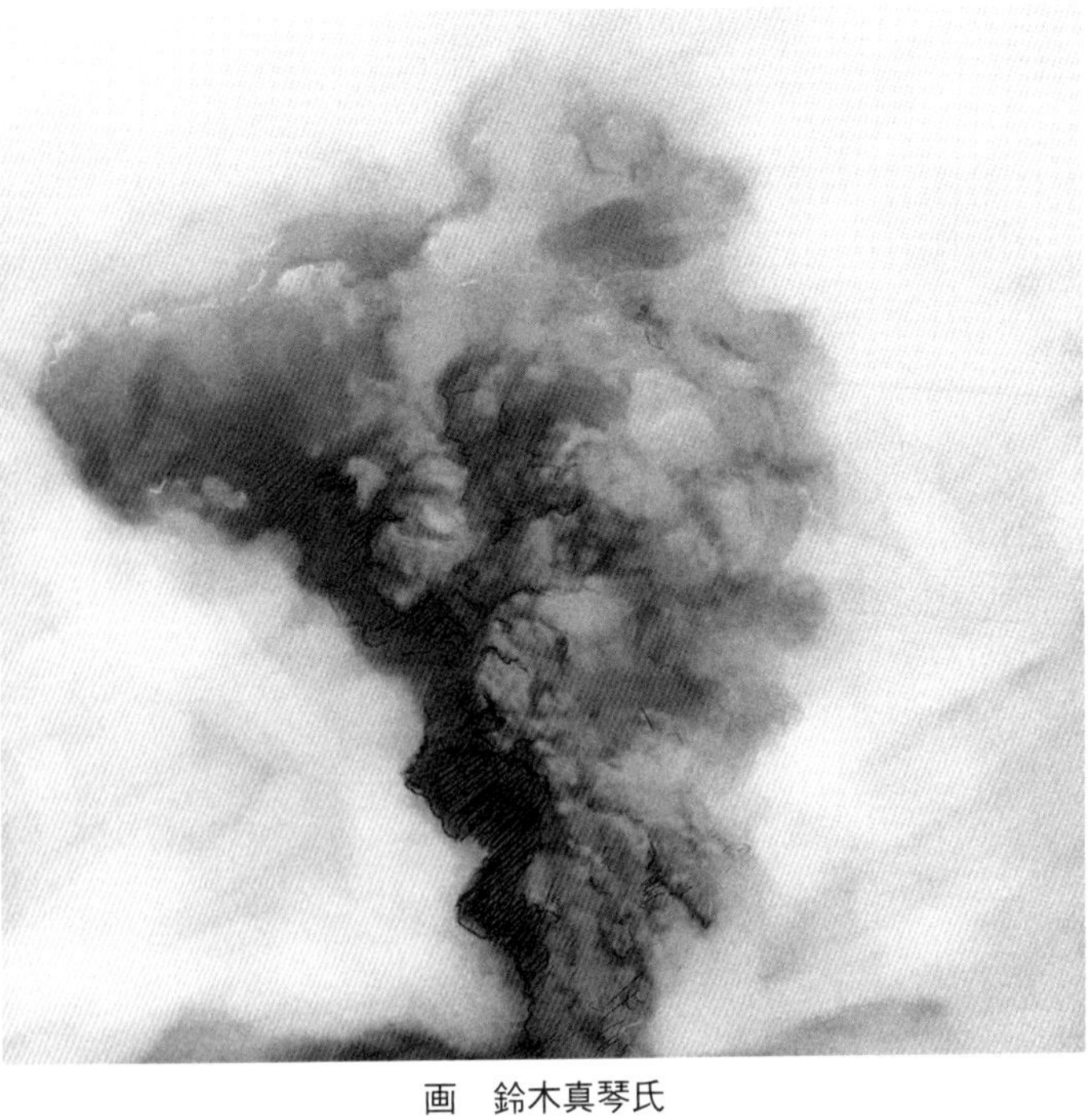

画　鈴木真琴氏

（た）太陽館

平成元年四月太陽館が閉館。大正四年からの歴史に幕を閉じた。付近は大牟田で一番賑わっていた。

半年で消えた「山小屋カレー」が稲田レコード店のあとにあった？

太陽館と稲田電機が営業していた頃

==============	================
太陽館	稲田電機
三階映画館	中島酒店
二階売店	稲田レコード店
一階サンレコード店	
パチンコ店	江戸金寿司
＝＝	ゆたか荘 雀荘
二階ロイヤルレストラン	山田理容店
一階パン屋	
ホアシ(婦人子供服)	ほていや履物
白瀧屋うどん	大牟田ゲーセン
ウチダ靴店	ニュー銀座（レストラン）
＝＝＝＝＝＝＝＝＝＝	外尾商店（果物他）
（ことぶき通り）	パチンコ店
＝＝＝＝＝＝＝＝＝＝	＝＝＝＝＝＝＝＝＝＝＝＝＝＝＝

取り壊された太陽館。稲田電機の社長が二代目になりイナダギフトになった頃

（ち）ちゃんぽん　絶滅？「大牟田チャンポン」

長崎チャンポンに負けない大牟田チャンポンがあった。

大牟田駅西口側のミセス餃子の手前角に昔、特許までとったチャンポン店があった。専用チャンポン皿で、スープは少ないのが特徴。海鮮とキャベツのうまみで勝負。高菜もはいっていたような。元松屋デパート付近のチャンポンはただの野菜ラーメンだった。

大牟田チャンポンは上海楼、ガード下食堂、大牟田食堂だった。リンガーハットの大牟田進出で大牟田名物のチャンポンは絶滅したのだろうか？

「大牟田食堂」閉店。撮影二〇一八年九月十六日

(つ) 筒井美術教室

松原中学校と電化センターの途中に筒井美術教室があった。

二階が美術教室で看板もかかっていた。美術教室の数軒隣に歌手になった古賀栄子さんの実家もある。

(て) 堤防

大牟田で「堤防」というと、有明海に面した小浜の堤防。

二キロ以上は堤防が続いていた。令和の現在は埋め立てられた。堤防から何名も落ちて死んだ。亡霊が出る話で有名な場所だった。

推理小説家の草野さんによれば昭和初期には「遊郭」があったという。

「中学生となってよく遠浅の有明海の堤防に散歩に行きましたが、その堤防際に『遊廊』があって、その建物の二階の窓から娼婦たちが、卑わいな冷やかしの言葉を投げかけていた」

（と）トラッド　さらば

大牟田を舞台の警官小説、二段組で八百六十頁の大長編作『地の底のヤマ』（西村　健著）に登場。落ち着いた雰囲気のバーだったそうだ。

（な）中村 哲

九州大学医学部出身、アフガニスタンに貢献してアフガニスタンの国家勲章を受章。自宅は大牟田市で、大牟田市が市民栄誉賞を贈る。

梅野 修画伯作

（に）日刊大牟田新聞

昭和六十年六月一日創刊。大牟田市、みやま市高田町地区をエリアとする地元紙。

二〇一八年十二月廃刊、三十三年の歴史に幕を閉じた。

写真は自著「SAKIMORI」の紹介記事だ。

残念ながら「防人」じゃない。なぜに、SAKIMORIかは作品のオチ。

日刊大牟田二〇一八年六月六日号　記載者：歴木在住の酒見健次さん。

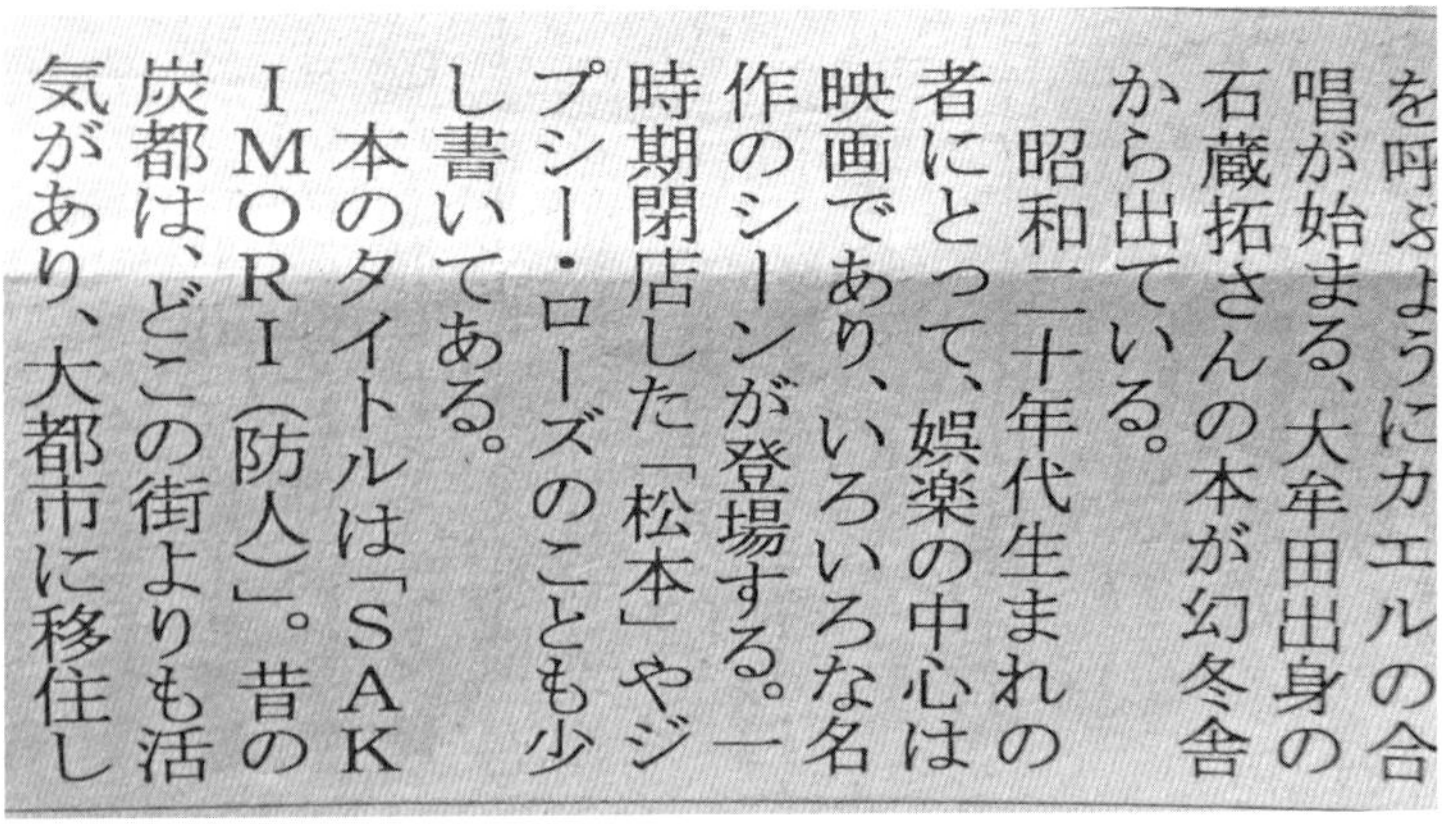

を呼ぶようにカエルの合唱が始まる、大牟田出身の石蔵拓さんの本が幻冬舎から出ている。

　昭和二十年代生まれの者にとって、娯楽の中心は映画であり、いろいろな名作のシーンが登場する。一時期閉店した「松本」やジプシー・ローズのことも少し書いてある。

　本のタイトルは「SAKIMORI（防人）」。昔の炭都は、どこの街よりも活気があり、大都市に移住し

（ぬ）ヌラ（海苔）

海苔の語源。ヌルヌルする意味の「ヌラ」がなまり「海苔」になった。有明海の養殖は明治時代に大牟田から始まる。明治三十三年に大牟田地先の試験養殖に始まり、昭和十四年に百五十余名が着手したという。

（ね）根来総番長

ケンカが強かったらしくて、松原中の総番長と聞いています。古賀逸郎さんよりねごろ呉服店のオーナーでした。中学では授業に出ないでプールで泳がれていた。僕らに乱暴をふるうことはなかった。

（の）野口印刷所

本町四丁目にある昭和二十年に創業の印刷所。商材紹介・チラシやカタログ他の販促用の印刷物の作製だけでなく販売促進全般のアドバイスを行う。親の反対に逆らって、新聞配達を小学五年生の時に始めた。夕刊を配るエリアが本町四丁目~五丁目だった。西田印刷、ＰＬ協会、弥剣神社。野口印刷が配達の最後の方だった。大牟田で毎日のように見てきた町だ。本町の場所の映像が頭をよぎることがある。

（は）浜野商店

松原中学の裏門付近にあった。鉄板があって、お好み焼き、焼きそばを食べた。

焼いてもらって醬油をつけたあつあつの角天。ウエハースが付いたカステラサンドが名物だったという。浜野商店の女将さんは大阪出身と思い込んでいたが、北九州出身だった。

（ひ）映画「ひだるか」

港健二郎監督が少年時代に鮮烈な記憶に残った、三井三池争議を映像化したいという長年の夢を実現させた映画。「ひだるか」とは、ひもじくて、だるいの意味。映画は経営難にあえぐ福岡中央テレビでリストラが始まる。キャスターを務める陽子は父の体験した大牟田での三池争議運動に興味を持つようになった。何も父から知らされていない。故郷の大牟田に行き取材する。港監督は大牟田新地町育ちで三池高校、早稲田大学出身。

写真下：三池高校、東映出身の業界では有名なスクリプター故・河島東史子さん

わたし、どう生きればいいんだろう…
デジタル化の波が押し寄せる
テレビ局。外資の参入。
その大きな時代の
うねりの中で、
花形キャスター・陽子が
見たものは?
長編劇映画
HIDARUKA
ひだるか
甦る日本の熱き日々
港　健二郎監督作品　音楽／岡本美沙
岡本美沙（新人）／小田壮史（新人）／内田宏美／佐藤允／入川保則／エド山口／四方堂亘／たかお鷹／佐々木省三
沢田亜矢子（友情出演）／矢野宣／林田麻里／福田健次／山口恭子／福田純子／森永晋／星由里子（友情出演）
協賛
OPT Club
http://www.opt-club.com/

（ふ）富貴亭《ふうきてい》

大牟田で地価が一番高い太陽館近くにあったラーメン屋。右は丸徳鮮魚市場（居酒屋）。セントラル映画の対面でもある。一押しの、ラーメン屋だった。

写真のように空き地になって、先に壊されて駐車場になった松屋デパート跡地が見える。

〈へ〉へそ「ネイブルランド」

大牟田市が九州の中心（へそ）にあることから、へそを意味する英語navelが付けられた。

「ネイブルランド」

大牟田市岬町に遊園地・水族館・亜熱帯植物園を建設し、一九九五年七月に開園した。

開園初年度は約四十四万人の集客を得たが、入場者の減少は止まらず、約六十億円の負債を抱えて開園から三年後の一九九八年十二月二十五日に閉鎖された。

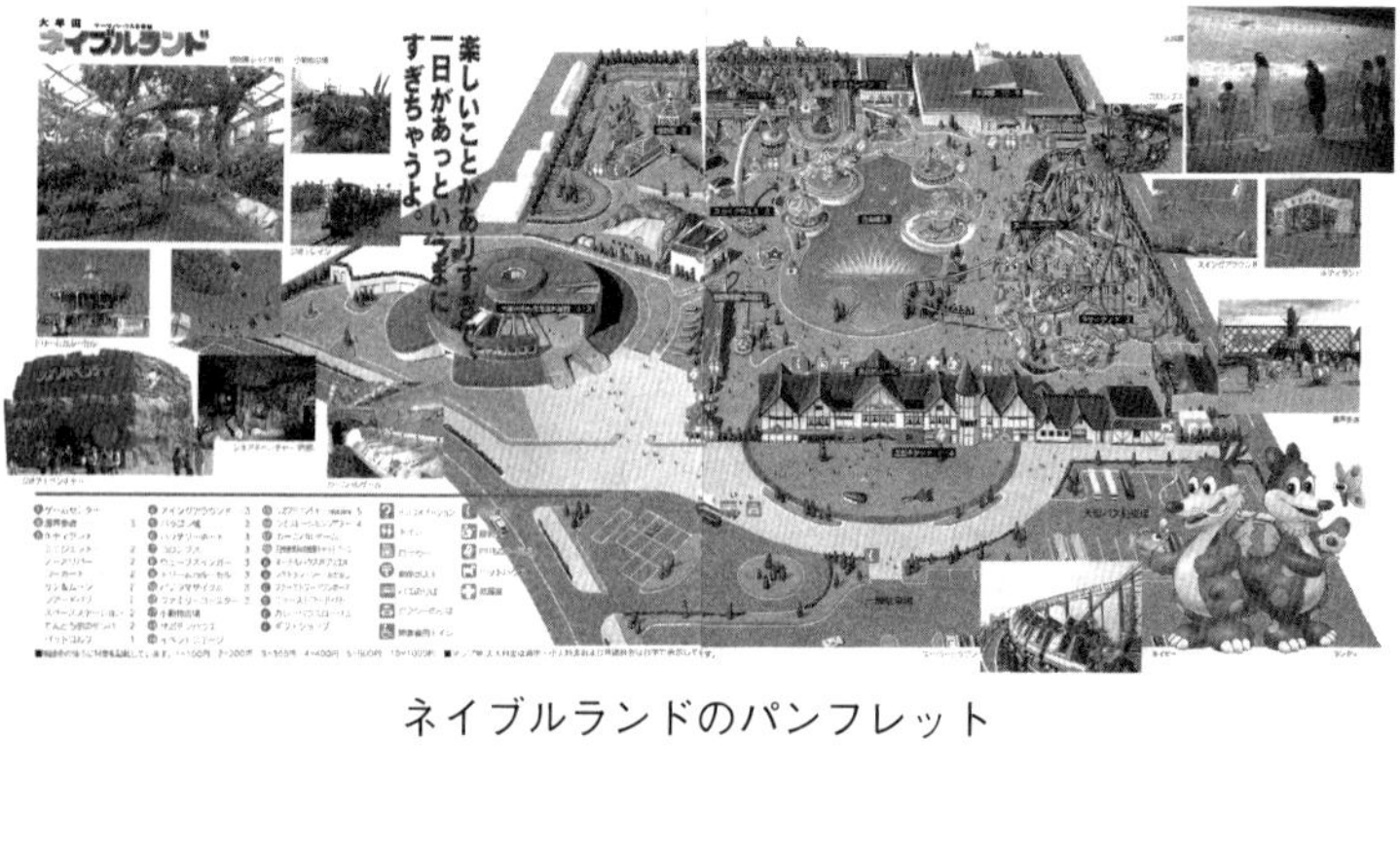

ネイブルランドのパンフレット

（ほ）本

大牟田出身の著作や大牟田に関する本は多数あり、千冊あるかもしれない。大牟田で有名な本を紹介しても二番煎じだ。坂上忍さんの父（坂上精一郎、本名は勝也）の小説を紹介する。父勝也氏は船津中学から三池高校に進学する。入水自殺した太宰治に傾倒していた。三池高校時代に知人の女性と心中未遂を起こし退学となる。上京して出版社に勤務した。小説『歳月のかたみ』を出版した。三川町の実家の田島写真館はなくなる。

（ま）眞鍋成孝　ブルーインパルス

ブルーインパルス六番機　第二単独機　Opposing Solo 飛行班員

一等空尉　航学六十三期　大牟田北高校出身。

（み）三池工　高校野球優勝

大牟田が一番熱くなった夏だった。「もう負けるバイ！　もう負けるっちゃん！　もうみんばい！」とテレビにくぎ付けになっている。島原から大牟田へ帰る船室内の、皆さんのつぶやきは忘れられない。一九六五年高校野球で初出場初優勝。大牟田市上官町にある三池工業高等学校。監督の息子がジャイアンツの原辰徳。

（む）村上隆行

大牟田歴木中学校で本格的に野球を始め、大牟田市出身の原辰徳に憧れて三塁手を務めた。中学三年生の時には巨人の宮崎キャンプを見学し、原から声をかけられた。

大牟田高校では一年生の間は一塁手、二年生からは投手を任された。生涯１４７本の本塁打、９１６本の安打。プロ野球で近鉄から西武移籍。（内野手、外野手）

引退後、中日ドラゴンズ一軍打撃コーチを務める。

梅野　修画伯作

（め）「メーちゃん」大好き！　あたたかくてすてきな絵本ができた

大牟田手鎌小学校には、保護者や地域の方々と協力して飼っているやぎのメーちゃんとゆきちゃんがいる。手鎌小学校の子どもたちに愛されているメーちゃんたちは、命の大切さを教えてくれる。文の作者は先生として手鎌小に来てからの八年間のメーちゃんと子どもたちの思い出や子どもたちの優しさを絵本にされた。

購入希望の方は、手鎌小学校へお問いあわせを。

絵本の文　すみよし　くみこ

絵　ばば　まほ（北高出身）

（も）森下玲可（歌手）

大牟田北高出身。アーティスト名を「西田智美」から「森下玲可」に改名。シングル『傷つけてプレシャスラブ』でデビュー。カメリアダイヤモンドイメージソングとしてＣＭに起用されて大ヒット。立て続けに作品を発表しＣＭやＴＶ番組の主題歌に。

（や）やまとや閉店

学生服の専門店だった。大牟田川沿いの新銀座の線路側にあった。

（ゆ）有明町

築町の隣にある。「ありあけまち」ではなく、「ゆうめいまち」と読む。

大牟田銀座と並ぶ、町の中心地だった。あらきフルーツ、小浜楽器があった。市役所、有明新報、商工会議所がある。「年金通り」と呼ばれている路地には、古き昭和の雰囲気を残した飲み屋横丁あり、低料金で飲めて楽しく歌える年金生活者のパラダイスだ。

(よ) 四ツ山漬

日本五大珍味漬のひとつ。大正十一年に御大典記念日本五大珍味漬に選ばれた。

タイラギ貝の貝柱を何度も漬け直して味付けをし、冬季熟成させた酒粕と合わせて漬け込んだ珍味。

タイラギ貝の粕漬は大正九年販売開始。農林大臣賞受賞、厚生大臣賞受賞。

創業者今村要氏が、四ツ山沖で取れたタイラギで風味豊かな酒粕漬けの製造に成功した。

四ツ山は名前の通りに四つの山から成りたち、有明海に面し、熊本県と福岡県にまたがっている。

一番目は標高五十六メートルの虚空蔵山《こくんぞさん》または笹原山と呼ばれ、四山神社、三池港灯台、荒尾市慰霊塔がある。

二番目の山に水道局の水源があり、水道山または星穂山、小山と呼ばれている。

三番目は割山、境山と呼ばれ熊本と福岡の県境（石柱あり）になり、炭鉱の山の神様がお祭りされていた。

四番目は二頭山と呼ばれ、いわんさき山と弘法さん山の二つの頂上がある。

山の名前は通称。

（ら）来々軒　さらば

千代町にあった老舗ラーメン屋。

大牟田ラーメンの初期からあるお店だったが閉店した。あっさり系のとんこつラーメンで、大牟田一と言う方もいる。

(り) リンゴ牛乳

「大牟田のご当地ドリンク」として大牟田市民に親しまれてきた。

オーム乳業（当時は「大牟田牛乳」）の「りんご牛乳」は、同時期に売り出されたコーヒー牛乳と並んで人気だった。フルーツ牛乳もあった記憶がある。

厚生省令により昭和四十三年九月以降、生乳を五十％以上含まない「乳飲料」を『牛乳』と表示できなくなったため、社名変更に合わせて商品名もオームリンゴと改称、牛乳瓶詰めから紙パックに変更した。

販売量が減少し採算が合わなくなり生産終了。

生産を引き継ぎたいとしてラインの買い取りを希望する事業者もあったが、二〇一二年十二月二十九日の製造分をもって販売終了となった。

（る）ルージュ　本町にあるスナック

『ゆったりとした雰囲気で飲めるお店です。スナックルージュで楽しいひとときをお過ごし下さい』

ママより

(れ) レイラ　かぶと虫

「LAYLA」の店名は歌『いとしのレイラ』からでしょう。旧栄町駅の対面。

ロック好きのマスターが膨大な貴重なアルバムを持っていた。

夜な夜なロック好きが集った。たしかTVの取材もあったと思う。鬼池氏より

（ろ）労働争議は「ホッパー決戦」で幕

日本史上、最大の労働争議が大牟田で起こった。一躍大牟田を有名にしたリストラ反対運動。三井鉱山は経営合理化のために、三千四百六十四人に退職を勧告し、従わない二千七百人を指名解雇した。昭和三十五年、三池労組側はホッパー周辺にピケ小屋を林立させ、二万のピケ隊が一万の警官隊と対峙した。ホッパーは、鉱山で選別した鉱石、炭鉱で採掘した石炭、河川で採取した砂利などを、出荷・積み込みまで貯めておくための貯炭槽および機械設備。死傷者続出は必至と見られ、警察側には香典袋が用意され、組合も警察も死を覚悟した。組合動員は延べ三十万人、警官側も延べ五十万人が動員された。逼迫した事態に中央労働委員会の藤林会長は調停に乗り出し、流血の惨事は避けられた。

週刊誌を晒で腹に巻いたいでたちに、ヘルメット、ガス弾よけの水中眼鏡、腰には武器にもなる青竹水筒を下げ、先を尖らせたホッパーパイプを用意した姿は「ホッパースタイル」と呼ばれた。

（わ）早生温州みかん　大牟田が発祥の地

明治維新後、柳川藩をおさめていた立花家の十四代目が、職を失った武士のために、日本初の民営農事試験場を柳川市に設立した。早く熟れる温州みかんが、農事試験場近くで発見された。発見者の名前をとって「宮川早生」と命名。日本初の早生みかんを誕生させた。

立花家十五代目は宮川早生普及のためにモデル園として、一番栽培環境の良い大牟田市上内地区の山地を開墾し、昭和十一年に「橘香園」を開園した。

宮川早生は「上内みかん」や「山川みかん」としてブランドみかんとして広がり、味や栽培のしやすさから、全国の大半を占める早生品種となった。現在、橘香園で栽培する温州みかんは、極早生、早生、普通温州の三種類。おすすめは宮川早生。「これに代わる品種は未だ見つからない」と語るのは、立花家十七代目で橘香園三代目の立花民雄さん。橘香園で栽培する温州みかんは、外皮と薄皮とも薄く食べやすい。広大な段々畑でのびのびと太陽と潮風を浴びて甘くなり、ほどよい酸味がある。

志穂美悦子さんの大牟田花ボランティア

石蔵 拓

花は人の毒気や悪いところを吸収してくれて枯れる。花ってやさしい、献身的である。花は人にパワーを与えてから、自分は枯れる。

花の命は、はかないけれど凛とした美しさを持っている。

志穂美悦子さんの花ボランティアを知るようになったのは「ひまわりプロジェクトin大牟田」の企画である。

志穂美悦子さんと礒濵玄海氏（右下）

二〇一九年七月七日　大牟田文化会館

Special thanks

・医療法人和田医院・和田小児科 ・石蔵拓様
（大牟田出身作家）

・株式会社旭製作所・磯浜葬祭 天翔苑

・一般社団法人 太志塾修己治人の会

・株式会社 KANPAI Group 乾杯大牟田

・山村皮フ科医院
・あらおシティモール
・株式会社 大塚食品
・学校法人恵和学園めぐみ幼稚園
・株式会社 今村組
・医療法人けんこう兼行病院
・株式会社 スクーデリア・ノーベ
・株式会社 フジイの唐あげ
・有限会社 花の園くぼた
・株式会社 クレストワン
・共栄環境開発株式会社
・有限会社 九州エレベーター設備
・司ロイヤルホテルつかさの湯
・武蔵ラーメン
・ヘアーサロン・ピカソ
・税理士法人o-tax
・有限会社あらお葬祭
・株式会社 オガタストーン
・福岡県立大牟田商業高等学校同窓会
・大牟田経済倶楽部
・SHINKI
・東原産婦人科医院
・花のブルーメンノイエ
・株式会社　メガネは野口屋

主催の一人の玄海氏が小浜町、大正小学校、松原中学校と同窓のよしみで協賛。

大正小学校の子供たちが準備に協力。
右から、未羽さん、めいさん、りなさん、ゆのさん、巧光さん。
皆、できあがるまで長時間、一生懸命手伝ってくれました。撮影・井上直子さん玄海氏は花屋の経営者。有限会社グリーンピース礒浜の取締役専務。
礒濵家は葬儀場（天翔苑　礒浜葬祭　グリーンピースホール）を経営。
僕の両親は本葬儀場にお世話になり両親の命日にはお花が届くシステムになっている。

母は花が好きで、近所では、「小浜町の花咲かせおばさん」と言われていて、「イソハマ」の名前は、よく母から聞いていた。母は、車が八台は止められるだろう庭に花を咲かせていた。

玄海氏は高校を卒業すると、四年間東京で学び、大牟田に戻っても、二週間ほどの滞在で、ヨーロッパ、中国、韓国など外遊。

二〇〇七年に玄海氏は大牟田史上初の日本一、日本フラワーデザイン大賞・内閣総理大臣賞を獲得。獲得のコツは、めざしている仲間と、よく交流することらしい。

コンテストに使ったフローリストナイフなどの道具を、中村有孝さんに渡すと、中村氏も獲得した。中村有孝さんは、国内屈指のコンテストで多くの受賞歴を持ち、フジテレビ「めざましテレビ」お天気コーナーのスタジオ装飾をはじめ各種イベント装飾を手がけている。ウェディング、デモンストレーション、講習会など日本各地で精力的に活動している。花の完成された「美」をさらに引き立てるためのデザイン、花の持つ個性を活かした作品作りが世界でも話題を呼んでいる。

二〇〇八年五月二十一日

玄海氏に花仲間である源川祐策氏（花源）からヘルプの声がかかった。

花源とは、「ゆりかごからおはかまで」生活のすべてのシーンに花を、がキャッチフレーズ。鹿児島県南九州市・指宿市・鹿児島市南部に店舗を構える街のお花屋さん。

一九七九年創業以来、「お花は心の栄養剤。花を通して心を豊かにしたい」をコンセプトに、お祝い・ギフトからブライダルまで生活の様々なシーンに、お花を通して人から人へ心を伝える。常にワンランク上の技術・品質・サービスの提供に日夜取り組んでいる。

玄海氏は花源の紹介で、大牟田市から隣の熊本県菊池市へ行って、初めて志穂美悦子さんと出会う。

菊池市の幼稚園で、志穂美悦子さんがボランティアで、花活動を行っていて、玄海氏は花を無償で提供した。

写真に写っているのは子供たち五十人分のアレンジの材料のお花です。

二〇一八年八月二十日
長渕 剛さんライブの国際会議場入り口に三千本のひまわりのディスプレイ。
玄海氏は志穂美さんと、お手伝い。

花屋にも独特な世界があるのだろうなと思った。ドラマ『バラのない花屋』を、なぜか思い出した。
「あなたは花が咲くように笑う。僕は、その顔が好きなんです」

礒濱玄海の足跡

1998年
第2回ハウステンボスブライダルブーケコンペティション全国大会で日本一を獲得。

2007年
フラワーデザイン全国大会にて日本一となり内閣総理大臣賞を受ける。

2008年
「福岡国際らん展inヤフオクドームwithアロハモナークメイン」で、高さ10メートル横15メートル奥行20メートルのディスプレイを担当、制作担当。

2011年
東日本大震災チャリティーイベントを開催し、実行委員長及び演者として、世界チャンピオンのバート・ハッサムとデモンストレーションで共演。

2014年
カンボジア首都プノンペンのタヤマ日本で現地の生徒約200名に「花と緑で心を繋ぐ」テーマで講演とフラワーデモンストレーションを行うと共に2日間にわたり学校の授業を行う。

2015年
砂漠緑化隊（地球倫理の森）にボランティアで参加。中国のウランブハ砂漠、クブチ砂漠でポプラの木の植樹作業を行う。

2016年
熊本地震チャリティイベント100万輪の花プロジェクト実行委員長及び演者として、世界チャンピオンとデモンストレーションを行う。

2017年
九州北部豪雨被害に際し、現地での復興支援活動と「ありがとう桜」販売を通じ、朝倉市杷木に義援金寄付と大牟田の子供達と花壇をつくり705株（7月5日に災害あり、その日を忘れないように）の花苗を地元の子供達と一緒に植え込みを行う。

2018年
倉敷市真備町豪雨災害では現地での復興支援活動を行うとともに義援金の寄付を行う。
北海道胆振東部地震にたいし、北海道産の花の販売を通じ一部を義援金として寄付。

2019年
第3回九州北部豪雨被害支援
「ありがとう桜」の販売を通して、売り上げの一部を朝倉郡東峰村に寄付。

現在
■ISOフラワーデザインスクール主宰
■オフィス環境・病院等公共施設の環境及び地域への緑化・美化活動推進中
■青少年アンビシャス運動認定こども花だんプロジェクトを立ち上げ活動中

大牟田一のモノマネ王　前川ひろし物語

石藏　拓

前川さんにインタビューしました。
大牟田三川小、船津中出身。
高校、大学は大牟田市以外。テレビの物まね番組で、三度以上優勝。
前川清氏の歌が大好きで船津中学の時から皆の前で歌っていた。

廃校になった船津中で

大学生のときにテレビ番組の「スターに挑戦」に出てチャンピオンになった。大学生の時に大牟田市民会館で「内山田洋とクール・ファイブ」のショーがあった。

そこで「内山田洋とクール・ファイブ」のマネージャーに「付き人にして下さい」と訴えた。ショーが終わると巡業バスに乗って付き人になった。

約三年付き人をして、事務所から「前川清は、二人はいらない」と言われて事務所から吉本を紹介されたけど大牟田に帰ってきた。帰る時に前川清氏から洋服を段ボール五箱分もらった。栄町の飲み屋「ロイテ」で働き開業資金をためて、出した店が「クールファイブ」だった。歌手独立して現在大牟田市中島町でスナック「水港《すいこう》」経営。

ROYAL
三岳

消える北高（東甘木）校舎

石藏　拓

校舎移転で無人になった東甘木校舎。大牟田北高校は、甘木山《あまぎやま》という福岡県大牟田市にある標高一二三メートルの小高い山の中腹にあった。高校は大牟田で一番古くにでき、三池高校より早く大正二年大牟田初の高校。平成になって高校は移転して校舎は無人に。令和二年になっても取り壊されていない。校舎の三階から有明海や大牟田市街地が見えた。

取り壊された松屋デパートの屋上にある備え付けの有料望遠鏡から写真の高校の正面玄関が見えた。イタズラをされた先輩の話を聞いた。先輩は祝祭日に部活動をしていると、正面玄関で女性が待っていると電話があったと、電話を受けた女子職員が先輩に告げてきた。先輩は正面玄関で待っていたが、誰も来なかった。先輩は後で知るが、先輩の一年生の後輩がデパート屋上から電話して望遠鏡で正面玄関の先輩を覗いていた。

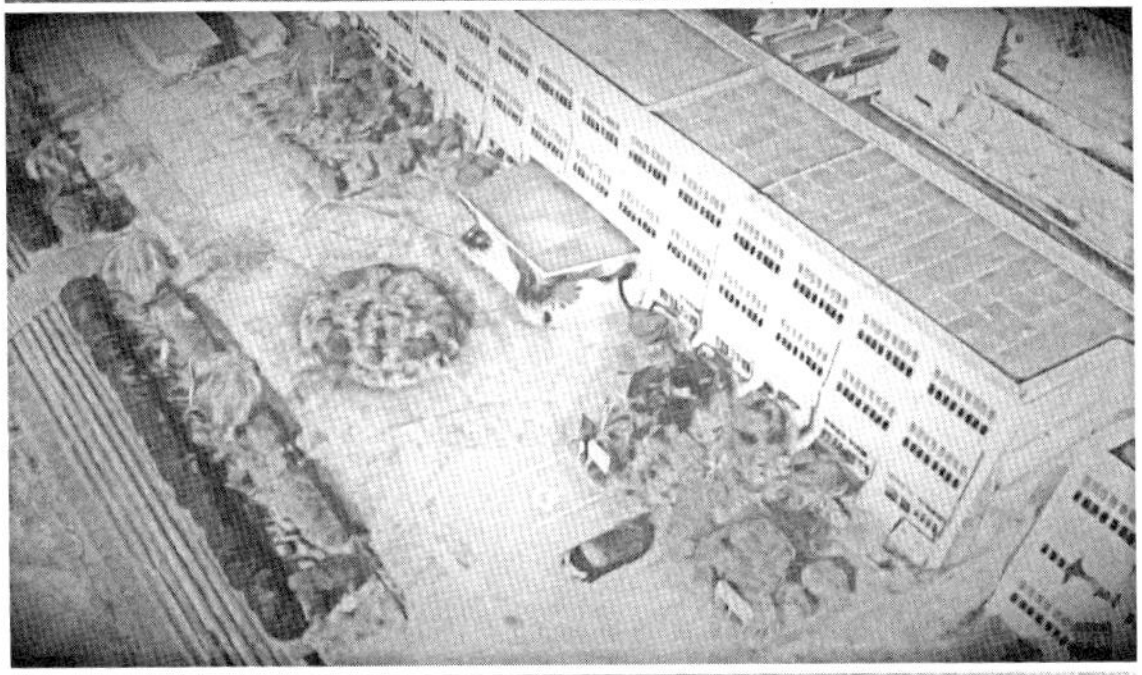

体育館兼講堂　撮影二〇〇一年十二月三十日

屋根は赤い。昼休みにバスケットボールをしたり、バンドを組んで歌った。

体育館と正門側の校舎の内庭にクラブの部室が並ぶ。
主に、体育系のクラブが多く、汗の香りがした。

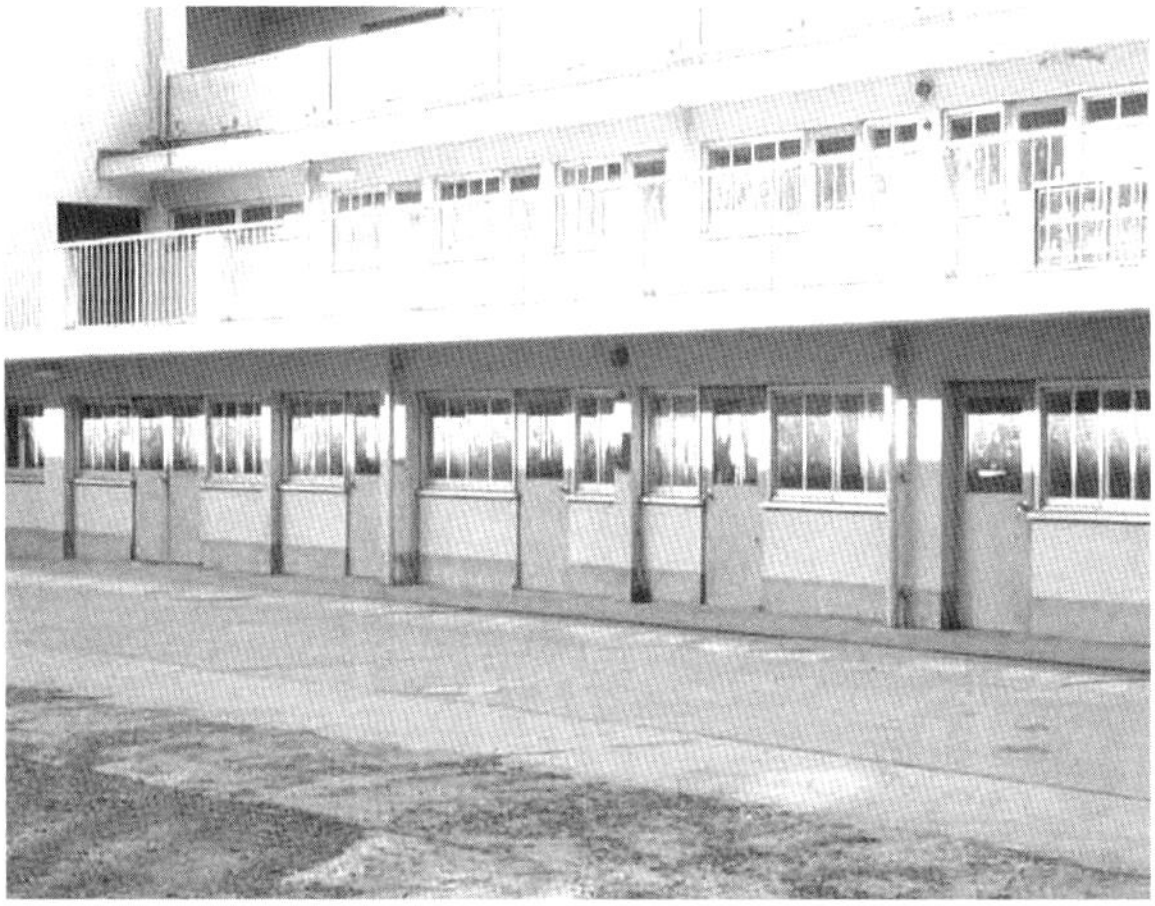

食堂　撮影二〇〇一年十二月三十日

定食、うどん、カレーライスがメニューだった。

カレーは小麦粉が多く、辛くなくて、ソースをかけて食べた。

弓道場

幻となった北高（東甘木）通学路

石藏　拓

昭和二十二年に旧校地と三井鉱山会社所有の甘木山新校地を交換し大牟田北高校移転。平成二十八年に、吉野へ校舎が移転するまでの北高卒業生の通学路。

約七十年にわたる甘木山校舎通学路を写真で記録しておく。

撮影二〇〇一年十二月三十日

甘木山校舎への通学は西鉄を利用した。福岡県にある私鉄だ。西鉄大牟田駅から電車に乗った。大牟田駅から、新栄町駅、銀水駅を経て、三つ目の東甘木駅で降りる。駅前には吉富商店がある。

吉富商店の右の道を直進。雨が降ると小川から水が溢れて、長靴が必要だった。

橋を渡って進んだ。

次に、二股の道に到達した。右に行かず、まよわずに直進する。

信号のある交差点が見えてくる。

交差点を直進。信号には甘木校舎時代は「北高入口」と標識がかかっていた。

直進して信号を渡り。左カーブした道を進む。

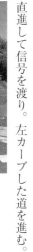

十分ほど進むと北高校の案内板が見えてきた。

案内板を右折すると坂道となる。右側に自転車の預け場所があった。
右側に、甘木山が見えてくる。

坂を登っていくと左からの道が見えてくる。小浜町の自宅から自転車で通学した時は、その見えてきた道から通学路に合流した。直進すると急坂のガードレールが見えてくる。

正門に到着。案内板から校舎までは「心臓やぶりの坂」と言われた。

校舎移転も、急坂が原因だと聞いている。

濱野一秀さんは「心臓破りのこの坂は高体連で北高が大活躍した一九七一年に、その時の校長が感激して福岡県教育委員会の許しを得て勝関坂と命名した」と言った。

延命中学校が駐車場になって消えた

深草伸二

二〇一五年三月三十一日限りで延命中学校は、船津中学校や右京中学校と統廃合され、翌四月一日より大牟田市立宅峰《たくほう》中学校に。

二〇二〇年延命中学校は、延命動物園の駐車場になりました。

結婚して子供ができ、親に見せるため帰省し、母校の延命中学校を訪問した時の写真です。三階の生徒から一緒に撮してなんて声をかけられたのを覚えています。

（微かにその生徒達が写っています）

この子供がもう四十歳になっている遠い昔の出来事です。

私の三池高校

田頭嘉代

昭和五十六年、三池高等学校廊下の窓からの絵。なぜか、水彩と色鉛筆で描いている。
甘木山、大牟田北高等学校、仏舎利塔など大好きな眺めでした。

北高の思い出　大牟田一の美少女

石藏　拓

僕は大牟田北高校に入学した。学校区の関係で三池高校は受験できなかった。

一年生のときに音楽部に入部した。部の活動は混声コーラスだった。ひとりひとり男性部員が部を辞めていき僕一人になった。担当の女教師が女性だけのコーラス部にしたいので僕をマネージャーに指名した。覚えているのは大会での移動の手伝いだ。出演時のリハーサル室や待機室へ誘導したり、のどを痛めないようにキャンディを買いに行った。

なぜ音楽部に残ったのかと言うと、ピアノの練習ができたからだ。女性の部長からポピュラー音楽の伴奏コードを学んだ。三年生になり、僕は音楽部の部長になった。

十七歳になろうとしている頃、クラスメイトらには、彼氏彼女のカップルが成立していった。どんな交際をしているか自慢する者や、中には失恋したとか、恋愛の経験のない僕には、うらやましかった。クラスには、恋愛アドバイザーも登場した。一人はコテキと言った。コテキとは、小学中学と同窓だが、初めて北高で同じクラスになった。家も近いので親しく話すようになった。夜コテキの部屋に遊びに行って、一緒にギターの練習をした仲だ。クラスでコテキはラブレターの代筆をやっていた。ラブレターのポリシーは、絶対に好きと書かない。僕はコテキから学ばせてもらった。

オシャモジのアドバイス

もうひとりのアドバイザーはオシャモジだった。家庭にあるご飯のお釜近くにあるのでオシャモジと、あだ名で言われた。オシャモジには男勝りの姉がいた。弟がいじめられたというと、飛んできて、イジメっこを鎮圧していた。不思議にバランスの取れた姉弟だった。

オシャモジが「女性に、もてたいなら、一度女性になったと想像してよ、どんな男性なら好きになれるか、想像するのよ」と言った。例えば男の同級生の誰ならキスされてもいいか、ひとりひとり見てみろと言う。まさに逆転の発想だと思った。ドイツの知将ロンメル将軍が守りを固めるために敵陣に入って味方の陣地を見たのと同じ発想だ。

クラスでスーパースターだったのはツカサだった。僕はツカサを崇拝していた。

ツカサは、高校での成績順位は上位だった。ツカサは、エレキギターのアドリブがうまい。音楽部には所属していなかったが、部室に来て目の前でヒットしたロック曲のアドリブフレーズを弾いた。僕はギターの神様を見るようなまなざしだった。

僕はギターも練習していた。ツカサのビートルズ『ジュリア』を聞いた。開放弦での演奏だった。開放弦で、弾けない僕はギターを断念した。ツカサには、かなわないと思った。高校の予餞会があった。ツカサは『ハートブレイカー』を演奏した。

ツカサのギターソロを聞いて、プロ級の演奏だと思った。

ツカサは、勉強しないで、ギターの練習に専念しているように思えた。中間テストの最初の日だった。眠そうなツカサに尋ねた。「眠そうだな」

「ああ！　一週間寝ていない」とツカサが言った。

僕は理解した。ツカサは試験前の一週間は、寝ないで試験勉強している。ツカサの学業成績が良いのは、一週間不眠できる根性だったのだ。

ツカサの集中力が、スーパースターの原動力だと思った。

クラスメイトのサトミとツカサがカップルだと知った。

二人は中学から同じクラスだった。三年生になって、ツカサからサトミとの交際を聞いた。

サトミの匂いがずっと残っていると、ツカサは言った。僕は行為よりも匂いという言葉が印象深かった。

女性にもてない僕は、放課後、ひたすら音楽室に籠ってピアノの練習をしていた。ショパンのノクターンが半年経っても最後まで弾けない。気になると夜中に自転車で学校に行き、ピアノを弾いた。監視員に注意されなかった。夢中にピアノを弾いていて、夜が明けた。帰宅しないで授業に出てしまった。

心臓破りの坂　謎めいていてミステリアス

クラスメイトにメイハルがいて、詩や小説を書いていた。僕は作文が苦手で、メイハルにあこがれた。メイハルと太宰治の話をしながら、高校の心臓破りの坂を下校していると、先にひとりで歩いているケイコに追いついた。

僕はケイコに、「よ!」と挨拶してメイハルと通り過ぎた。メイハルの様子が変だ。僕はすぐ理解して、メイハルに言った。「ケイコって、魅力あるだろ?」

メイハルは「うん」と肯いた。

「ケイコとは、小学、中学から同じだけど。アイツは憂いのある感じを、しているだろう?」

メイハルは「謎めいていて、ミステリアス」と言った。メイハルとは、なぜか大牟田弁じゃなくて、標準語で話していた。

僕とケイコとは同じ松原中学で、同じクラスだった。お互いに古い映画ファンで、映画の話が終わらないで、僕の家に来たいと、言い出した。僕は恋愛に発展すると勘違いした。「好きだよ」と言うと、ケイコは年上の先輩に夢中だと告白した。

「今度、ケイコの自宅に連れて行ってやろうか?」と、僕はメイハルに言った。

「えぇ!!」メイハルは、ありえないという表情をした。

一週間後に、僕らは小浜町のケイコ宅を訪問した。僕がドアホンを鳴らす。メイハルは鳴らしただけで、緊張していて、逃げ出そうとしている。よくぞドアホンが鳴らせると、僕の勇気に感心している感じだった。

ケイコがドアを開けて僕らを迎えてくれた。ケイコとは久しぶりに映画の話をした。メイハルは最初、黙っていたが、だんだんに打ち解けていった。おそらくメイハルは、女子高校生宅は初めてだっただろう。

ケイコ宅訪問から一週間後だ。メイハルが僕の帰宅コースつまりケイコのコースでもあるが、松原中や大正小付近に頻繁に出没するようになった。覚えたてのバイクで、メイハルは行ったり来たりしている。僕がケイコと話しながら帰っていると、メイハルがバイクでやって来て、かっこよくUターンをしようとしてバイクがこけそうになった。ケイコは、笑ってしまった。

僕はメイハルの気持ちがよくわかる、なんとかケイコの気をひきたい、オスの本能的なアピール行動だろう。ケイコに声をかけられない内気なメイハルができた精一杯の行動だった。僕は笑えなかった。

ケイコに笑われて、メイハルの出没は、ぱったりとなくなってしまった。

高校三年になった四月だった。

僕は学校の昼休みに、部室に鎮座するグランドピアノで練習をしていた。『you never give me your money』を弾いていると、ストレートじゃないちぢれ髪の女子高生が部室に入ってきた。弾き終えると、女子高生は言った。

「ビートルズですね」笑顔を絶やさない女子高生は一年生でナオコと自己紹介した。

自己紹介が終わると、音楽部に入部したいと言った。僕は、ナオコに音楽部はコーラス班、クラシックギター班、フォークソング班に分かれて活動していると説明した。数日後にナオコは、同級生を三名連れてきて、フォークソング班へ入った。

二年生のAグループが、フォーク活動をしていて、ナオコら一年生の、めんどうをみた。僕は、演奏活動はやめていて、コンサートの時には、裏方役を行い、司会をしたりマイクの調整などをしていた。

金曜の放課後、ナオコらが僕の下手なピアノでビートルズナンバーを歌って親睦を深めた。

ナオコが、僕を「兄貴」と呼ぶようになった頃だ。「兄貴！　彼女、いるの？」と、ナオコが尋ねた。

「いないよ」と答えると「私のイトコの久美子を紹介するね。とても綺麗だよ。あまりに美人なんで、びっくりしないでね。白光中学で一番の美少女と言われているから」

僕はコテキに相談した。コテキは、どこで住所を調べたか。久美子に手紙を書いてしまった。手紙は綺麗な字で、内容も詩的に違いない。なぜに？コテキが久美子に手紙を出したかコテキから聞いた。久美子は、中学時代から有名な美少女だったと言う。中学は違ったが、大牟田市の十三校以上の全中学が集まる運動大会で、久美子は男子生徒たちをフリーズさせていた。「大牟田一の美少女」と言われ、ファンクラブが各中学にあったと言う。

コテキは久美子とのデートにこぎつけた。交際は一回のデートで終わったと僕に報告した。コテキが尋ねた。「お前は、なぜ久美子にアプローチしなかった。どうして？」

僕は、何も答えなかった。コテキが横やりを入れてきたのは、僕と久美子の交際などありえないと、コテキは思ったかもしれない。僕と比べてコテキは成績もよく、美男なので、久美子は僕にはふさわしくないのだろう。

コテキと久美子の不成立の話を聞き、一週間は経過していた。

朝の通学中だった。「ほ〜」と思わず口にしそうになった女子高生が電車に乗ってきた。女優での役は間違いなく、男性をとりこにする顔をしている。僕は大牟田駅から乗っているが、女子高生は次の駅の新栄町駅から乗ってきた。僕は見とれてしまった。

制服から、不知火女子高とわかった。二年も電車で通っているのに会わなかった。不知火女子高校は、北高校と降りる駅が同じ東甘木駅だった。

女子高生に一目ぼれした日は、中間テストの最終日で、午後二時には下校できた。試験が終わった解放感もあって、朝一目ぼれした女子高生に会えないか、東甘木駅で待った。

駅は田園風景の中にぽつりとある。改札は一つしかないので見逃さない。

何時間待っただろう。不知火女子高校からの下校が始まった。待っていたお目当ての女子高生が現れた。「ラッキー」と心で叫んだ。三名で現れた。二人は僕の中学の同級生チーコとミーコだった。お目当ては、チーコと腕を組んでやってきた。仲が良さそうだ。チーコは相手の話をよく聞いてくれる頼れるオネエさんタイプだった。ミーコは小学校から同じクラスで、いまだに幼さが残るが目がぱっちりした可愛い顔だった。お目当ての女性は髪を真ん中で分けてウェーブさせないで、あごの付近でカットされたヘアースタイルだった。真ん中分けが似合う女性だ。同級生二人とは中学卒業以来の再会だった。僕は「久しぶり」と声をかけた。お目当てがいなければありえない行動だ。

チーコとミーコは嬉しそうな反応をしてくれた。久しぶりなのでお茶でもと誘った。チーコが「ヒロコも行こうよ」と誘い、四人で電車に乗って新栄町で降りた。

お目当ての名前がヒロコとわかった。

僕らは喫茶店とゲームセンターに行った。喫茶店では三人のおしゃべりをじっと聞いて、ゲームセンターでも三人の楽しんでいる様子を見ていた。

KYOEI

新栄駅ビル内のゲームセンター入り口付近での光景だ。帰宅の時間になる頃だった。僕は三人が相談しているのを見ていた。僕との距離は、お互いに顔が見られる程度に離れていた。僕は椅子に腰掛けて返事を待っていた。僕がチーコにヒロコと交際したいと話したからだ。相談中の三名を見ていると、ミーコが泣き出した。ミーコとは小学中学と同じクラスだったが、ミーコを泣かせた覚えはない。泣いている理由がわからない。ヒロコに断られると覚悟した。ヒロコがひとりで、僕の方にやって来た。近づく十七歳のヒロコは慎重な表情をしていた。僕はヒロコに見とれてフリーズした。僕は勇気を振り絞って「つきあってください」と堂々と言った。ヒロコは言った。「友達ならOKよ」

僕はヒロコのルックスに惹かれて好きになった。ヒロコをもっと好きになった。ひとりで僕の方に来るなんて度胸がいる。僕が好きになる女性って、主体性のないナヨナヨでメソメソタイプではない。竹を割ったような性格を持つ女性だ。僕より性格は男だ。ヒロコは僕の威勢の良さに負けた？　本当は断りを言いに来た？　断るならチーコが来るかもしれない。ことわりに来たけど、きちんと申し込まれた。僕の勢いに負けたのかもしれない。喫茶店でのデートが七回以上は続いただろうか。ジョーカーと呼びたいコテキが邪魔をしてきた。ヒロコと歩いているところをコテキに見られた。

コテキは「きれいなコだ。お前の彼女か？」と尋ねてきた。

僕は「友達だ」とコテキへ答えた。コテキは言った。

「そんなら、俺が交際を申し込んでもいいんだな？」

聞いて愕然としたが、コテキにヒロコの電話番号を教えた。なぜコテキに電話番号を教えたのだろう。僕の好きな女性だから関わるなと、なぜ言えなかった。

なぜか僕には公平感があった。いつもフェアーであるべきだと思っていた。コテキの方がイケメンだしヒロコと気があって、燃えあがるような恋愛に進展するかもしれない。

ヒロコに決める権利がある。コテキとヒロコが交際に発展したら、僕は恋愛のリングから退場するつもりだった。コテキは僕以上に面食いで僕を見下している。正直言って電話番号を教えてしまって後悔した。コテキはヒロコに電話してデートを申し込んだが断られたそうだ。ヒロコに僕との関係について聞いたらしい。答えは「友達」だった。

夏の終わりに、にわか雨となった。ヒロコと雨宿りしているところをケイコに見られた。数日後、ケイコから「可愛いコ。あんな綺麗なコ。どこで知り会ったの？」と聞かれた。僕はケイコになにも言わずに照れ笑いをした。

大学で上京するまでヒロコとの友達交際は続いた。新栄町駅の西鉄バス乗り場で、何度か見送った。バス停前に敷島書店があって時間待ちができた。左隣にはパン屋があった。

Emax

ヒロコとは片思いで終わった。上京するからと言って別れてしまった。後悔した。東京へ行けばヒロコより綺麗で、気が合う女性に出会えると思った。上京したが、いつまでたってもヒロコのような好みの女性、花のように綺麗で見ているだけであきない女性に出会えなかった。

絶交

大学入試が終わり村上春樹氏が小説『ノルウェイの森』で表現している二流の大学である早稲田に現役で受かった。コテキは九州大学受験に失敗していた。夜にコテキの家に行った。二十回以上は訪問している。「こんばんは！　いますか？」と、玄関先で言うと、会った覚えのないコテキの父と思われる中年男が仁王のような険しい顔をして出てきて言った。

「おまえか！」僕を不良と言い「もうこないでくれ、つきあうのもやめてほしい」と言われた。初対面なのに失礼な言い方だ。僕とのつきあいが理由で、コテキは大学に受からなかったと言ったようだ。コテキが僕のことを不良だと言ったのだろう。

僕が大学には受かったが、国立大でなくて、私大だという程度しか情報を入れていないかもしれない。肝心なのは、僕のせいで九大に受からなかったと、コテキなら言いかねない。「いるんですか？　呼んでください。おい！」と僕は扉が閉まったコテキの部屋に向かって叫んだ。コテキは出てこなかった。

僕は、コテキとは絶交を決めた。九州以外の人に説明しておくが、福岡大学は私立で、九州で大学の最高峰は九州大学と考えられていた。

福岡大学が上だと関東で言う人がいた。福岡県民には佐賀県出身の大隈重信が創立した早稲田大学と、大分県出身の福沢諭吉が創立した慶応義塾大学は不良が行く大学だと考える人がいた。僕の父も慶応義塾大学は遊び人が行く大学だと、受験させてくれなかった。

さらばジョーカー

大学一年が終わる頃だった。一年浪人して九州大学に受かったコテキが、東京に遊びに来ていて電話してきた。「今、東京に来てるんだけど」とコテキは言った。

「そうか」と、つれない返事をして会わなかった。東京に進学している同級生が相手をするだろう。五名以上もいる。「どこか、おすすめの場所はあるか?」とコテキは尋ねた。ナンパしたいのだ。「そうだな。俺は六本木がお気に入りだ」とこたえた。

コテキは東京を去る時に、再び電話してきた。「六本木に行ったけど人が歩いていなかった」と嫌みを言われた。「いつ頃行った?」

「お昼だ」

「六本木は深夜がにぎやかなんだよ」

コテキとは、二度と会わなかった。

ツカサが東京に来た。ツカサは現役で九州大学に受かった。サトミは早稲田大学に一浪して入った。ツカサはサトミと別れたと報告した。落ち込む顔を見たのは初めてだった。

＊

大学二年の夏、大牟田に帰省した。一年生の時は帰省していないので、大学に入って初めての帰省だった。ツカサは、博多で大学に行きながら「ジャコウランタン」というロックバンドで活動していた。ファッションモデルの博多美人と交際していた。

音楽部の後輩ナオコがビートルズ専門喫茶「かぶとむし」で、夏休みのバイトをしていると言うので会いに行った。

ナオコは店で忙しく働いていた。三年間の空白は埋められなかった。久美子の件も保留にしたままだった。兄貴妹と呼んだ関係はなくなり、僕にナオコはよそよそしかった。

栄町にあるスナック「淀」で、メイハルらと飲んだ時に、酔ったメイハルが高校の頃の、ケイコの思い出を語りだした。

「家を訪問したら、ケイコは赤いセーターにブルージーンズ。ポメラニアンの犬がいて、横にはフランスのファッション雑誌があった。ケイコはこう言った。『メイハル君って、教科書みたいな話し方をするのね』」

酔ったメイハルは僕に、「あの時！　君は、まだケイコとはウマクいってなかった」と言った。文学青年らしいメイハルの表現に脱帽だった。

社会人になって、日本橋の三越デパート前でクラスメイトのニシダと再会した。ニシダはデパートの前にある三井財閥ビルで働いていた。ニシダは会社の応接室に連れて行ってくれた。三井財閥ビルはイタリア・ヴェネツィア産大理石などが使用されて新古典主義様式の外観を持つ建物だ。関東大震災の二倍の地震にも耐えられるように作られていると言われていた。窓から日本銀行が見えた。ニシダからクラスメイトの近況を聞いた。ユウコが九州大の総代に選ばれ首席で卒業した。ユウコは精巧な見事な文字でお経のように配置された授業ノートをとっていた。感情のない勉強ロボットのような女性だった。

僕が五十歳の頃だ。大牟田に東京から帰省した。小浜町の実家から有明町の友人に会いに行った。ＪＲと西鉄電車が並行して走る線路の踏み切りを渡りきり歩道を進むと、女性がこちらに向かってくる。顔を見ると、間違いないヒロコだ。面影が残っている。ヒロコは気づいただろうか？　気づくはずもない。高校以来の再会だった。ヒロコは買い物したビニール袋を両手に持っていた。左一つ、右二つ。一瞬見た。想像以上に良い年のとり方をして、やつれていなかった。僕は立ち止まった。ふりむくと踏み切りが遮断されていて、ヒロコは踏み切り待ちしている。僕は急いで後ろまで接近して、よく見た。やはりヒロコだ、間違いない。背格好もそのままだ。さあ、どうする？

ユーミンの歌『ディスティニー』の安いサンダルを思い出した。ヒロコは普段着で買い物袋を両手に下げてサンダルだった。僕は声をかけるのを断念した。もし僕がヒロコだったら、普段着のままでは会いたくないだろう。踏み切りの遮断機が上がってヒロコが歩き出した。僕は追いかけたい気持ちを抑えた。僕にはヒロコとの新栄町の思い出がある。

音楽部の後輩ナオコは、噂だが、高校を卒業すると結婚したそうだ。僕が大学二年生のときにナオコがバイトしていた喫茶店「かぶとむし」で再会した。結婚した相手も働いていたのかもしれない。

ツカサは、福岡の銀行に勤めていた。銀行のイギリス支店に転勤した。栄転だろう。帰国した後だろうか。ツカサは銀行を辞めて、外資系の投資会社に転職した。良い転職ではなかったようだ。投資会社を辞めて個人で事業を始めた。妻子がいたが、ツカサは自殺したそうだ。

プロット「ＳＡＫＩＭＯＲＩ」を書いていて、ケイコに会いたくなった。

小浜町のケイコ宅を訪れた。ケイコの住んでいたアパートは、解体されて空き地になっていた。立ち尽くしていた僕に、近所のおばあさんが声をかけてきた。

僕は事情を話すと、ケイコは道路を隔てた真向かいの家に嫁いで、福岡市で暮らしていた。もしかしたら年上の先輩と恋愛成就したのかもしれない。なぜかケイコが好きだった古い映画『アフリカの星』を思い出した。映画のラストシーンの砂漠にたなびく撃墜王がしていた白いマフラーが浮かんだ。

僕とケイコは、映画で感動する作品が同じだった。

数年後、クラスメイトから、ケイコがガンで死んだと聞いた。

僕の夢の中に出てくるひとりだ。冥福をお祈りする。さらば映画の友よ。

私の同級生は大牟田親善大使の長友さん、ナカジーさん

田頭嘉代

長友仍世さん。中学生の時、塾が私と一緒だった。中学は別だったから会話もなかった。高校受験後に進路を、塾の古賀先生に報告した日だった。「長友は歌手になるそうです」。古賀先生の言葉に驚嘆した。聞いた塾内も一気に響めき、歓声が飛んだ。長友さんはアカペラで松山千春氏の『旅立ち』を歌った。中学卒業間近の、忘れられない想い出となった。長友仍世さんは夢を叶えて、第一線で活躍されている。声を聴くたびに、四十年前の感動が蘇る。

ナカジーさん。小学校、中学校が同じで席も隣同士。よくお喋りする元気のいい男の子だった。私も負けず嫌いの性格でよく口喧嘩をした。ある日中島さんに「豆！」とあだ名を付けてしまった。会話のテンポも良く、コロコロした印象もあり、つい、口が滑ってしまった。今思うと申し訳ない気持ちでいっぱいだ。中島さんは図工授業でデザイン画に「豆」という字を一面に描き、仕上げた。作品は、担任の先生にとても褒められてクラスのみんなの前で披露された。約十五年後、中島さんのラジオ番組に一度出演させてもらった。私は極度に緊張したがナカジーの話術に引き込まれ、一瞬にして緊張が吹き飛び、楽しいひとときだった。

長友さん、中島さんのお二人共に、大牟田市親善大使として素晴らしい活躍ぶりである。大牟田に元気を与え世界へ向け大牟田を発信してください。

長友仍世さん　梅野　修画伯作

幸田義勝さんからの提供写真
右から中島浩二さん、幸田義勝さん、岡本　啓《あきら》さん。
大蛇山祭りで幸田さんの会社にて

『はるか～HARUKA～』

梅野　修

その娘の名前は『はるか』と言った。『ケン兄ちゃん！』一つ年下のはるかはいきなり俺の事をそう呼び始めた。『はあ？　俺、修ぞ。ケン兄ちゃんて何や？』『だって、ケン兄ちゃん、北斗の拳ばっかり読んでるし、コミックスも集めてるって言ってたやん！』主人公のケンシロウの名前を取ってそう呼んでるらしい。はるかは友達の彼女の友達で、俺が高校二年の夏休みに四人で遊びに行ったときに知り合った。それから何となく二人で会うようになり、何となく付き合うようになった。すれてとんがっていた俺と、いつも笑顔で天然だったはるか。俺がつっけんどんな態度を取ってみせても、いたずらっぽい笑顔ではぐらかされて調子が狂う感じだったが、そのいたずらっぽい笑顔が俺は好きだった。しかし愛だ恋だに照れてた俺はちっともはるかのことを大切にしてあげることができなかった。ちっとも優しいことを言ってあげることもできなかった。何か言われると『うるさい！　オマエには関係ないったい！』と言った。『あ、またタバコ吸いよる！　高校生がタバコなんか吸ったらダメとばい』と言われてもまた、『うるさい！　オマエには関係ないったい！』と言っていた。悪ぶって反発することがカッコいいと思ってた幼稚な俺。はるかは俺から、『オマエには関係ない』と言われると必ず一瞬寂しそうな顔をするけど、すぐに『そげんかこと言いながら。ほんとは私から心配されて嬉しいくせに』なんて言いながらいつものいたずらっぽい笑顔を見せてくれてた。

付き合いだして一年が経った高校三年の十月、俺はある問題を起こして学校を停学になった。教員の生徒指導ぶりに反発して数人で夜の学校に忍び込んで窓ガラスを割ったり、赤いスプレーで教員を中傷する内容のことを書いたり、トイレのペーパーを燃やしたり、卑劣なことを繰り返した。後で思えば、よく退学じゃなくて停学で済んだなと思うほどのことをやってしまった。そのことを聞き付けたはるかは心配してうちに電話をかけてきてくれて、『ケン兄ちゃん、何しよると？　何であげんかことしたと？』と言ってきた。

イライラして半分自暴自棄になってた俺は、そこでも、『うるさい！　オマエには関係ないったい！』と言ってしまった。

するとはるかは初めて号泣しながら、『どうせ……どうせ私には関係ないよ！　停学にも退学にでもなればいいったい！』と言ってガチャン！と電話を切った。

俺は電話をかけ直すことはしなかった……。結局、はるかとはそれっきりだった。

決してどうでもいいと思っていたわけではなかった。ただ、もうこれ以上はるかに心配をかけたくなかった。俺のそばにいることでこれ以上苦しませたくなかった。

言い訳にしかならないけど、傷付けてばかりだったけどはるかだけが好きだった。

傷付けてばかりだったけどアイツだけを愛してた。

三十年以上経ってもたびたび思い出すほど心のどこかにいつもひっかかっていた。

そして今年の大牟田の大蛇山祭りでのこと。俺は祭りにはいつも参加していて、大蛇の口の中に子どもを入れて一年間の無病息災と悪疫退散を祈る『かませ』という神事をやっているときに誰かが俺に向かってこう声をかけてきた。『ケン兄ちゃん！』

どこかで聞いたことがある呼び方にびっくりして声の方を振り向くと、そこに一歳になるかならないかの赤ちゃんを抱いてるはるかが立っていた。『は……はるか？』

『お久しぶり！』そう言いながら、あの頃と同じいたずらっぽい笑顔を見せてくれた。

『えっ、その子、オマエの子どもか？』と聞くと、『バカ、孫だよ！』

そうか。俺の一個下だからもう孫がいてもおかしくない年なんだな。はるかの孫を大蛇にかませた後、いろんなことを話した。二十三で結婚して女の子と男の子をもうけて、その女の子である娘も二十三で結婚してできた子どもがその孫らしい。大蛇山祭りは毎年見に来ていて、俺がいるのを毎年見ていたらしい。昨年、孫が生まれたので『かませ』に来たのだそうだ。となりには娘も一緒にいた。はるかに似ていて、いたずらっぽい笑顔が似合う女性だった。三十年以上、ずっと心のどこかにひっかかっていて、忘れられなかったことが洗い流されるようにすっきりした気持ちになった。

高校時代に一番長く一緒にいてくれた女の子。すれてとんがっていた俺を笑わせたり楽しませたりしてくれた女の子。いたずらっぽい笑顔がとても可愛い女の子。その娘の名前は『はるか』と言った。

写真は、西澤秀海氏と、妹様ご子息の大蛇山「かませ」

「甘辛だんご」の誕生

菊水堂五代目店主　森　史朗

昭和四十三年、テナントとして入っていた松屋から、「喫茶店を出さないか?」と提案がありました。(ちなみに松屋開店時から最後までテナントとして入っていたのは、近藤蒲鉾と菊水堂の二店だけです)菊水堂は戦前から本店に喫茶店を併設していたので問題はなかったのですが、松屋からの条件が二つありました。①和風の喫茶店にすること②名物になる新メニューを作ること。②のために考え出したのが『甘辛だんご』です。

ポイントは従来の、みたらし団子のように、『素焼きしてタレを絡める』ではなく、だんご自体に味を染み込ませることでした。『焼いている』というよりはだんごの『煮付け』を作っている感じです。昭和四十三年の開店時はしょうゆ団子二本と小豆餡の団子一本。それにお茶をつけて百四十円でした。甘辛とはしょうゆの「辛」とあんこの「甘」の合体です。元々喫茶店のメニューなので持ち帰りはしていませんでしたが、今は百%持ち帰りになっています。松屋を知るお客様からは「味が違う」と言われますが、ご指摘のとおり持ち帰りに合わせて配合も変わっています。

ザベスト店　大牟田市本町一丁目

石蔵　拓

歌謡曲ＢＡＲ　オーナーは田《た》島《しま》敬士《たかし》さん

年中無休‼　日曜日も休まず営業。カウンターの奥にあるモニターでは、テレビ「ザ・ベストテン」の歌謡番組ビデオを再生。壁やカウンターには、昭和のアイドルたちのレコードがずらりと並ぶ。

青春時代にタイムスリップ。カラオケバーとはちょっと違うかも？

テレビ番組に使われたザ・ベストテンのランキングボード（レプリカ）と七十年代前半のジュークボックスが店にあります。

ザベスト店に来店

左は演歌歌手の那珂川仁美さん、右はローカルタレントの杉山39さん

元チェッカーズのベーシスト大土井裕二さんです。同級生がやっている音楽BAR「TRUCK」にて

写真上：田島敬士さんと女性スタッフ。
原李沙さん、原由紀さん、木野真由美さん、古賀麻記さん、
大嶋美結さん
写真中：野林香鈴さん
写真下：加賀田沙織さん

大牟田の街をアートの街へ

博多ポチ丸

僕大牟田大好きなんで絵の力で名所を沢山作って世界の人達を呼べるように頑張りたか！

シャッターアート　しか（鹿）らしか！

店名「鹿らしか」。僕が大牟田で初めて描いたシャッターアートになります！

他に、もつ鍋「まだら」、Darts Bar Moon、smokypeat、ヤマセイ総設、タイセイ　蓮尾米店、ounge chaos、kings、issac car suport、BAR 94 他合計二十店舗以上に描きました。

「SAKIMORI」続編　大牟田ロケハン

石蔵　拓

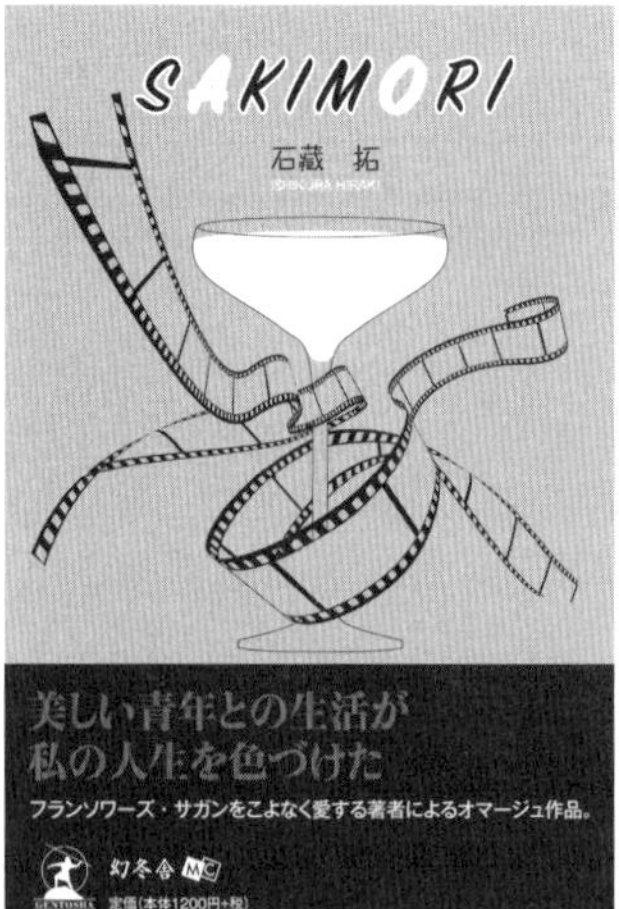

小浜の堤防

「サーキーさん！　ロケハン、進んでいますか？」

ケイコが電話で尋ねてきた。

「なくなっていたの！」と答えた。

「なにが、ですか？」

「小浜の堤防」

「お化けが出るとか言っていた堤防ですね」

私は唖然と立ち尽くしていた。堤防からは有明海が見えたが、埋め立てられていた。

「昭和の初めには、遊郭があったそうよ」

「サーキーさんには特別な場所なんですね」

「幽霊が出るミステリーゾーンだった」

私は、ケイコとの電話を切って、最初の舞台にする予定の大正小学校の隣にある松原公園に向かった。

大牟田に戦艦大和と共に沈んだ提督の墓

私は大牟田ロケハンの報告をしていた。

「今回の仮題、仮の題『不知火の肖像』の舞台になる大牟田をロケハンしてきました。映画に挿入できそうなエピソードを写真スライドで紹介します。まず、大牟田って知らない人がほとんどでしょう。私も東京に来て、大牟田出身以外は誰も、どこにあるかさえも知らない人ばかりでした。『聞いたことがある』と言った人は、数名でした。北九州の人で、たしか福岡県にあったと言う人も半分でした。大牟田は、福岡県の一番南にあります。有名な柳川市の南です。柳川は東京でも知っている人がいます。

大牟田は炭鉱で栄え、一時期、東京名古屋大阪福岡に次ぐ都会でした。

北九州市誕生前のことですが。大牟田都市圏を形成していて、みやま市、南関町、荒尾市や玉名市からも大牟田へ集まってきていました。映画館も最盛時に三十以上。デパートも二つ。では、エピソードになりそうなひとつめを紹介します。

戦艦大和と共に沈んだ提督の墓が大牟田にあります。伊藤君！　その伊藤提督のことを調べて、エピソードとして挿入できるか考えて」

脚本助手の伊藤創文が尋ねた。「え！　沈んだのなら、遺骨は？」「わからない。遺書は、残ったようね。遺骨から調べてみたら？」

「了解です」と伊藤はこたえた。

大牟田村

「質問です」脚本助手の伊藤が手を挙げた。

「いいわよ。どうぞ！」

「大牟田って、何が有名なんですか？」

「無名の大牟田ですからね。炭鉱だと思う」

「炭鉱？　大牟田炭鉱？」と伊藤が尋ねた。

「三池炭鉱よ」

「え！　大牟田って三池なんですか？　三池炭鉱なら聞いたことあります。爆発事故で五百名以上亡くなった」

「そう。三池炭鉱炭塵爆発事故ね。原因はメンテナンスを怠ったらしいの」

「メンテナンス？」「労働争議に専念して、炭塵爆発をしないようにする坑道メンテナンスを怠ったの」

「三池は大牟田にあるんですね」

「昔はね。三池郡大牟田村だったの。三池町に鉄道が来て、駅ができる話となった。汽車に客を奪われると、三池の旅館の人々が猛反対して、牟田と呼ばれる沼地の干拓地だった大牟田村に駅ができた。駅ができて、大牟田村が賑わうようになり、いつのまにか大牟田市になってしまう。三池町も大牟田市に編入となってしまうの」

以降、別作品「不知火の肖像」に続く。

「北高フェイドアウト」続編 北高プレイボーイのその後

石蔵 拓

石蔵 拓
ISHIKURA HIRAKI
北高フェイドアウト
日本のロックの夜明けは土地と切り結ぶ気運と共にあった。
横浜、東京、大阪、金沢、広島、博多…
土地の物語と新たな音が出会う時、
そこに唯一無二のロックが生まれた。
わが故郷、出雲の地、松江もまたしかり。
松江でロックが
産声をあげた瞬間を、
僕は目撃した!!
佐野 史郎
定価(本体1200円+税)

大学二年生の八月九日大牟田に帰省した。翌日僕は銀座方面にある同級生ダーバン宅へ行った。中学からの同級生で身長百八十センチ。大牟田ではプレイボーイで有名だった。銀座生まれの銀座育ち。「俺は銀座っ子」が口癖だった。顔は白人のように白く「俺はアラン・ドロンだ」と豪語する。アラン・ドロンが紳士服ダーバンの宣伝をしていたので「ダーバン」と呼ぶ。大牟田川沿いにある店に行った。お店はダーバンの兄が営業していて僕をみると声をかけた。「弟が東京で泊まらせてくれてお世話になりました。弟は部屋にいるよ」。僕は店から出て同じビルの住居口のドアを開けて二階のダーバンの部屋にいった。ダーバンは寝ていた。ダーバンを起こして貸していたお金を返してもらった。ダーバンは僕の新宿信濃町の部屋に数週間宿泊していた。信濃町って知らないかもしれない。東京都新宿区信濃町。南に徒歩約五分で、東宮御所、赤坂御用邸、明治神宮外苑、十分で青山に。西に行けば徒歩十分で新宿都心。東に行けば四谷、麹町、皇居に至る。四谷怪談、番町皿屋敷などの現場が近くにある。遊びに行くのには絶好地だった。ダーバンは、僕をいいところへ連れて行くと言う。ダーバン宅から約三分歩いた栄町の白亀会館にあった「セピア」だった。店に入るとカウンターにいた女性をダーバンが紹介した。「純子ママだ」。僕はフリーズしてしまった。高校生のときに交際をしていたヒロコにそっくりだった。一度に目が覚めてしまうほどの美人。ダーバンは純子ママにメロメロだった。

ダーバンのアタックには、驚いた。純子ママのために手製のお弁当を作って持参していたり、人前でもはばからずにイタリア人のようにストレートに口説くさまはさすがだった。僕は「セピア」に行って、純子さんの顔が見られて話ができるだけで良かった。

店の常連になり閉店後に店で翌朝まで飲むようになった。

白亀会館　撮影二〇一八年九月十六日

〈著者紹介　逆アイウ順〉

幸田義勝（こうだ よしかつ）

大牟田北高校出身　東洋大学卒　大幸商事会長

石藏 拓（いしくら ひらき）

大牟田北高校出身

早稲田大学卒　プロデューサー

〈寄稿者紹介　逆アイウ順〉

森 史朗（もり しろう）

菊水堂店主

深草伸二（ふかくさ しんじ）

三池高校出身

九州大学工学部卒　元三菱電機株式会社

博多ポチ丸（はかた ぽちまる）

柳川高校出身　九州造形短期大学デザイン科卒

九州産業大学芸術学部卒

田頭嘉代（たがしら かよ）

三池高校出身

梅野 修（うめの おさむ）

三池高校出身

クリーニング店店主　時々画家　元陸上自衛官

大牟《おおむ》田《た》炭《たん》都《と》物語《ものがたり》

2021年6月30日　第1刷発行

著　者　　幸田義勝
　　　　　石藏 拓
発行人　　久保田貴幸

発行元　　株式会社 幻冬舎メディアコンサルティング
　　　　　〒151-0051　東京都渋谷区千駄ヶ谷4-9-7
　　　　　電話　03-5411-6440(編集)

発売元　　株式会社 幻冬舎
　　　　　〒151-0051　東京都渋谷区千駄ヶ谷4-9-7
　　　　　電話　03-5411-6222(営業)

印刷・製本　シナジーコミュニケーションズ株式会社

装　丁　　弓田和則

検印廃止

Printed in Japan
ISBN 978-4-344-93456-6 C0095
幻冬舎メディアコンサルティングHP
http://www.gentosha-mc.com/